I0757682

Du même auteur aux Editions du CREC

- Métapolis
- Le Centrisme du XXI° siècle
- Le Centre et le Centrisme
- Barack Obama et l'Obamisme
- Le Centrisme Américain
- Le Juste Equilibre
- Nous changerons le monde en respectant
nos enfants
- Sans information citoyenne pas de démocratie

Alexandre Vatimbella

L'individu du XXI° siècle,
le grand prédateur de la démocratie?

Suivi de

La démocratie du respect
Propos sur la reconnaissance
de la dignité de l'humain

CREC Editions

L'individu du XXI° siècle,
le grand prédateur de la démocratie?

Introduction

L'individu du XXI° siècle (1) est un «individu-monde culturellement métissé médiatiquement mondialisé mondialement connecté» qu'il le veuille ou non. Qu'il l'accepte ou qu'il le rejette, il est dans ce monde comme il est, obligé, s'il n'est pas proactif de celle-ci, d'être consentant de la réalité qui l'entoure due en partie à l'évolution des rapports sociaux et des techniques de communication et d'information au sens large des termes.

Cependant, sa volonté d'exister, son intérêt personnel, son besoin de reconnaissance, dans une sorte de fusion paroxystique lui ont permis d'affirmer de plus en plus son autonomie dans un processus toujours en cours d'autonomisation vis-à-vis de la société.

L'autonomie (2) de l'individu n'est évidemment pas une idée nouvelle et n'est pas l'apanage des penseurs de la démocratie. Ainsi, Saint Augustin, Luther, Rousseau et Nietzsche, entre autres, l'ont promue face à des autorités (église, Etat, société, etc.) qui, selon eux, ne pouvaient s'arroger la légitimité de penser et de parler pour eux, qui n'avaient pas le droit de brider leur autonomie qui, selon eux, constituait la manifestation de leur individualité irréductible. De même pour les penseurs anarchistes et libertaires (et libertariens), de Stirner à Proudhon en passant par Tolstoï et Bakounine (et Nozick). Mais cette autonomie que tous ceux que l'on vient de citer revendiquent, si elle ne s'accompagne pas de la nécessaire responsabilité, n'est que destructrice d'un ordre social (souvent illégitime pour les auteurs cités) et, surtout, d'un lien social indispensable pour vivre en commun.

Or, c'est bien le problème car l'autonomisation de l'individu au lieu d'être en coopération avec l'autonomisation de l'autre, dans la création d'un lien social où respect et dignité participent à l'élaboration constante du vivre bien ensemble, a créé et développé, en ce troisième millénaire, une autonomie largement égocentrique, assistée, irresponsable, irrespectueuse et insatisfaite. Une sorte de détournement solipsistique de la démocratie où la seule réalité que veut prendre en compte l'individu est celle de son existence et de son intérêt. Et un détournement de l'idéal individualiste qui est ramené à un simple nombrilisme.

Ce phénomène a pu s'exprimer, à la fois, par l'approfondissement démocratique (même là où la démocratie n'existe pas, le processus d'autonomisation fonctionne (3)) par la reconnaissance explicite ou implicite de ses droits (en particulier de ses «droits à») ainsi que celle de son droit au respect de sa dignité sans oublier l'évolution technologique et consumériste des sociétés.

Cette autonomisation de plus en plus prégnante, fait de lui une bombe qui risque, à tout moment, de faire imploser la démocratie républicaine représentative pour laquelle il représente un défi libertario-hédoniste majeur, voire mortel. De ce point de vue, on pourrait parler de la montée en puissance qui semble inexorable d'un «individu-roi», si ce terme n'avait pas été instrumentalisé à des fins idéologiques par certains pour stigmatiser l'individualisme, un individu qui ne supporterait aucune borne, aucune limite à la recherche de son intérêt, pas même et surtout pas, la responsabilité de ses actes et la reconnaissance de l'existence d'autrui.

Cette autonomie non médiatisée par la responsabilité personnelle et le respect de la dignité de l'autre, assise souvent sur un manque de savoirs et des comportements puérils destructeurs pour le vivre ensemble, crée l'atomisation des intérêts personnels qui ne se retrouvent plus ou peu dans cet incontournable agrégat qui permet de donner une base commune pour des intérêts communs afin de fonder un dessein collectif. Alors, cette autonomisation peut créer une «anomisation» (d'anomie, terme inventé par Emile Durkheim, pour caractérisé l'absence d'organisation sociale résultant de la disparition des normes communément acceptées explicitement ou implicitement (4)) progressive qui détruira la démocratie républicaine de l'intérieur et l'offrira sur un plateau à un régime totalitaire, la nature ayant horreur du vide.

Absence donc de ce dessein indispensable à toute communauté réunie mais montée en puissance de cette simple recherche immédiate de la réalisation de ses désirs et des ses revendications personnelles sans se soucier un seul instant des conséquences pour les autres, donc, in fine, pour soi également.

Suite aux agissements de ce «nouvel individu», la démocratie républicaine est en danger de délitement, voire de disparition de la planète Terre. Elle peut d'abord devenir une «médiacratie médiocratique démagogique populiste consumériste» puis un simple régime autocratique avant de basculer dans le totalitarisme.

Cependant, cet individu, s'il prend conscience de la nécessité d'un bien vivre ensemble, c'est-à-dire l'indépassable coopération entre tous pour faire société, peut aussi façonner positivement la nouvelle démocratie républicaine qui se mettra en place dans les prochains temps si cette dernière parvient à surmonter ce défi d'un comportement autolâtre et du «tout, tout de suite rien que pour moi» dans une constante insubordination de tout ce qui empêche cette recherche égotiste de la plus grande jouissance possible.

Mais, ne nous le cachons pas, le combat sera rude, sans répit et la victoire n'est pas inscrite, loin de là. Mais l'optimisme doit être de règle si l'on veut sauver la démocratie républicaine, le meilleur système que l'on peut mettre en place au regard des réalités humaines, système qui pourrait être dépassé le jour où l'humain se sera vraiment émancipé dans la responsabilité et le respect.

Ayant dit tout cela, le titre de cet ouvrage se justifie amplement.

Car un tel individu ne veut pas exécuter la démocratie, il ne veut pas la condamner à mort, non (même si son comportement risque d'aboutir à cette situation), il veut, comme tout prédateur, s'en nourrir jusqu'à plus soif sans en assumer les conséquences, ce qui, ainsi que cela se passe souvent, exterminera in fine ce qui le nourrit, ce qui lui assure sa subsistance, non pas de manière consciente mais par son inconséquence.

Car, une fois la démocratie disparue, engloutie par les demandes illégitimes de cet individu à son encontre, c'est bien également tous les bienfaits de celle-ci qui lui seront retirés.

Malheureusement, un tel individu n'a pas la lucidité et la raison pour se projeter dans cette réalité pas si future que cela… Cependant, j'ai ajouté un point d'interrogation car il se peut qu'une prise de conscience individuelle et collective avec un progrès du savoir et de l'information des individus, donc de leurs capacités intellectuelles mais aussi affectives, permettent de relever positivement le défi libertario-hédoniste. Une chance infime en prenant la réalité d'aujourd'hui, mais une chance quand même qui vaut d'être tentée.

Notes de cette introduction:

1. Cet individu est au cœur des sociétés démocratiques qui ont modelé le monde dans lequel nous vivons en ce début de XXI° siècle. Mais c'est exactement la même situation qui prévaut dans les pays qui n'ont pas de régime démocratique. Où que ce soit dans le monde, l'individu a acquis une place centrale ou est le centre d'un débat de société. Un individu qui s'est transformé au cours du processus de l'approfondissement démocratique et/ou de l'ouverture du

monde (et de son ouverture au monde). Ainsi, on voit émerger progressivement un individu-monde culturellement métissé, médiatiquement mondialisé et mondialement connecté. Derrière ce terme quelque peu barbare, se trouve celui qui détient la clé d'un monde démocratique ouvert, de son actuelle et future évolution positive et de la mise en place de la nouvelle démocratie républicaine. Il peut ouvrir grand la porte d'une communauté mondiale plus libre et plus pacifique comme il peut la verrouiller, pavant la voie d'un préoccupant agrégat d'individus égocentriques et violents, mus uniquement par leurs intérêts personnels et se réunissant au gré de leurs intérêts en groupes éphémères et irresponsables.

2. L'autonomie est pour un individu, la capacité à se gouverner soi-même, selon ses propres règles. Son étymologie vient de deux notions grecques, «autos» (soi-même) et «nomos» (règle ou loi).

3. La double émancipation de l'individu de la société et de la nature (notamment de sa condition matérielle précaire) induit cette autonomisation dangereuse qui est un phénomène de la modernité et non une conséquence de l'approfondissement démocratique même si celui-ci permet à ce phénomène de prospérer dans les démocraties républicaines s'il n'est pas régulé par le respect.
Mais il serait mensonger, comme le font certains, de répandre l'idée que c'est la démocratie républicaine avec sa soi-disant «permissivité» qui serait responsable de l'autonomisation négative de l'individu. Comme l'explique fort bien Alexis de Tocqueville dans «L'Ancien Régime et la Révolution», un régime despotique exacerbera les égoïsmes et les irresponsabilités de l'individu dans son autonomisation ainsi que ses demandes répétées de plus de prise en charge.
«(...) Plus qu'aucune autre sorte de gouvernement, (le despotisme) favorise le développement de tous les vices auxquels (l)es sociétés (modernes) sont spécialement sujettes, et les pousse ainsi du côté même où, suivant une

inclinaison naturelle, elles penchaient déjà. Les hommes n'y étant plus rattachés les uns les autres par aucun lien de castes, de classes, de corporations, de familles, n'y sont que trop enclins à ne se préoccuper que de leurs intérêts particuliers, toujours trop portés à n'envisager qu'eux-mêmes et à se retirer dans un individualisme étroit où toute vertu publique est étouffée. Le despotisme, loin de lutter contre cette tendance, la rend irrésistible, car il retire aux citoyens toute passion commune, tout besoin mutuel, toute nécessité de s'entendre, toute occasion d'agir ensemble; il les mure, pour ainsi dire, dans la vie privée. Ils tendaient déjà à se mettre à part; il les isole; ils se refroidissaient les uns pour les autres; il les glace. Dans ces sortes de société (...) l'envie de s'enrichir à tout prix, le goût des affaires, l'amour du gain, la recherche du bien-être et des jouis-sance matérielles y sont donc les passions les plus com-munes. (...) Or, il est de l'essence même du despotisme de les favoriser et de les étendre. Ces passions débilitantes lui viennent en aide; elles détournent et occupent l'imagination des hommes loin des affaires publiques et les font trembler à la seule idée des révolutions. (...) La liberté seule, au contraire, peut combattre efficacement dans ces sortes de sociétés les vices qui leur sont naturels et les retenir sur la pente où elles glissent. Il n'y a qu'elle en effet qui puisse retirer les citoyens de l'isolement dans lequel l'indépendance même de leur condition les fait vivre, pour les contraindre à se rapprocher les uns des autres, qui les réchauffe et les réunisse chaque jour par la nécessité de s'entendre, de se persuader et de se complaire mutuelle-ment dans la pratique des affaires communes. Seule elle est capable de les arracher au culte de l'argent et aux petits tracas journaliers de leurs affaires particulières pour leur faire apercevoir et sentir à tout moment la patrie au-dessus et à côté d'eux; seule elle substitue de temps à autre à l'amour du bien-être des passions plus énergiques et plus hautes, fournit à l'ambition des objets plus grands que l'acquisition de richesses, et crée la lumière qui permet de voir et de juger les vices et les vertus des hommes.»

4. «Si l'anomie est un mal, c'est avant tout parce que la société en souffre, ne pouvant se passer, pour vivre, de cohésion et de régularité. Une réglementation morale ou juridique exprime donc essentiellement des besoins sociaux que la société seule peut connaître»
(De la division du travail social, Émile Durkheim, 1893)

Chapitre I

Individu, individualisme, liberté et démocratie

Dissipons tout de suite une idée reçue tenace, l'individu a toujours existé et il a toujours recherché son accomplissement et son intérêt personnels. Croire qu'auparavant l'être humain n'était, dans les pays actuellement démocratiques, qu'une partie d'un tout auquel il était, non seulement, attaché mais également totalement dévoué et, surtout, dépourvu de toute pensée individualiste et de volonté d'agir uniquement en faveur de son intérêt propre est une fiction stupide. De même que d'affirmer que dans nombre de pays aux régimes autoritaires et dictatoriaux d'aujourd'hui ce serait également le cas. Il ne faut pas confondre volonté individuelle et idéologie totalitaire, cette dernière tentant toujours de parler à la place de ceux qu'elle asservit tout en empêchant ces derniers d'être et de devenir ce qu'ils souhaitent en bridant ou en annihilant tout ou partie de leur volonté.

L'individualisme (1), cette recherche de liberté, d'autonomie, de faire prévaloir son propre désir et son intérêt afin d'avoir la meilleure vie possible n'est évidemment pas une nouveauté. Néanmoins, cela ne signifie pas que ces demandes pouvaient s'exprimer librement et qu'elles pouvaient être assouvies sans entraves, ni que ce soit possible encore actuellement dans certaines contrées. Mais, que l'on date la «naissance» de l'individualisme «moderne» de la Renaissance, plus tôt ou plus tard, il y a eu effectivement, à cette époque, une émancipation de l'individu qui a pu, dès lors, mener cette recherche de plus en plus librement. Une recherche qui n'était plus seulement l'apanage des classes dirigeantes, c'est-à-dire essentiellement la noblesse, mais de tous.

Cependant, la traduction politique de ce mouvement émancipateur date de l'avènement des régimes démocratiques dans les pays occidentaux à la suite de l'indépendance des Etats-Unis en 1776 (2) et de la Révolution française de 1789 (3) sans oublier la démocratisation progressive du Royaume Uni dont les prémisses datent de la Magna Carta (Grande Charte) de 1215 puis du Bill of Rights (Déclaration des Droits) de 1689. Ces régimes ont évidemment accéléré le mouvement pour aboutir à la situation présente qui recèle beaucoup de dangers mais aussi beaucoup de potentiels positifs pour le présent et le futur de notre condition humaine ainsi que pour celui de l'organisation de nos sociétés.

Ce n'est donc pas la liberté politique qui a créé l'individualisme. Ce dernier préexiste à la liberté politique car il vient d'une volonté inscrite en chacun de nous d'utiliser en notre exclusive faveur la liberté que nous pouvons acquérir de notre propre chef ou que l'on nous accorde, volonté qui ne souhaite pas toujours s'embarrasser des responsabilités consubstantielles à cette liberté. De ce point de vue, l'égoïsme et l'égocentrisme de l'individu sont à l'origine d'un individualisme débridé et irresponsable que d'ailleurs l'on ne peut plus appeler individualisme puisqu'il tourne le dos à la nécessaire responsabilité qui s'est servi de la liberté politique pour, petit à petit, concurrencer la liberté, la vraie, et créer une société d'autonomisation égocentrique qui tue lentement la société de liberté – et la liberté tout court – sous le prétexte mensonger qu'elle propage d'en être le stade ultime. C'est pourquoi il convient plutôt de l'appeler un nombrilisme (4), c'est-à-dire une vision où tout se ramène à soi sans qu'une obligation sociale ne s'attache à la personne qui le pratique

L'individualisme sans la responsabilité, donc le nombrilisme, est une liberté pervertie et grossière qui plaît à la multitude des faibles car elle permet de prendre les avantages de la liberté tout en refusant les obligations qui vont avec. Ainsi, beaucoup de ceux qui invoquent la liberté pour agir comme bon leur semble n'agissent en réalité que comme des individus égocentriques et égoïstes qui instrumentalisent la liberté en la dévoyant. Mais ils dévoient également l'individualisme qui n'est pas un synonyme d'égocentrisme et d'égoïsme comme ses détracteurs nous le rabâchent à longueur de pamphlets. Ainsi, si l'individualisme est consubstantiel au régime démocratique républicain, les conséquences négatives de l'autonomisation de l'individu qui en découlent peuvent être évitées ou corrigées. Et le respect est la valeur première qui empêche l'existence de ces conséquences (égocentrisme, assistanat, irresponsabilité, insatisfaction, irrespect). Le vrai individu libre est celui qui veut jouir des bienfaits de la liberté en acceptant les responsabilités qui les accompagnent. C'est pourquoi on trouve si peu de personnes libres en ce monde...

S'il faut surtout ne pas confondre liberté et nombrilisme (cet individualisme débridé) que nous voyons se développer de plus en plus, c'est aussi parce que d'une part, ce nombrilisme est sans contrepartie et se contente fort bien de n'importe quel régime politique pour proliférer, que ce soit une démocratie ou une dictature et parce que, d'autre part, même dans un régime démocratique le nombrilisme débridé manque de cet élément essentiel de la liberté, la responsabilité. Sans la responsabilité de l'être libre, il ne reste qu'un individu égocentrique et profiteur qui prend sans donner, qui agit sans accepter la responsabilité de ses actes.

Le vivre ensemble, le vivre bien ensemble, est en danger d'émiettement à cause de cette autonomie débridée. Tout le monde s'accorde pour dire qu'il faut revitaliser le lien social pour la contrer. Certains prônent le retour à une société qui privilégierait la défense du «bien commun» afin de lutter contre une autonomisation, selon eux, mortifère pour la communauté. D'autres nous expliquent que notre salut passe par la revitalisation de l'idée clivante de nation qui existerait depuis des millénaires. Tous, ils demandent le recul de l'individualisme qui détruirait la société de l'intérieur tel un parasite. Ils ont cependant tort. Car l'individualisme, non le nombrilisme, même dans sa dimension d'autonomisation, est une chance pour la société si l'on sait en capter l'énergie pour inventer un nouveau type de rapports sociaux basés sur le respect dans une société régie par le juste équilibre. De cette façon, toujours plus d'individualisme renforcerait le lien social au lieu de le déliter car ils se construiraient ensemble sur un mutuel intérêt librement consenti et non sur des contraintes pesantes et illégitimes. Comme le disait Durkheim, «Non seulement l'individualisme n'est pas l'anarchie, mais c'est désormais le seul système de croyances qui puisse assurer l'unité morale du pays» (5).

Notes de ce chapitre:

1. «Savoir ce que parler d'individualisme veut dire
1) La nature humaine est individuelle. - L'individualisme repose avant tout sur la conviction que l'humanité est composée non pas d'abord d'ensembles sociaux (nations, classes...) mais d'individus : d'êtres vivants indivisibles et irréductibles les uns aux autres, seuls à ressentir, agir et penser réellement. Cette figure de l'individu renvoie à un état de séparation originelle qui, en rendant chaque être humain différent et unique, constitue chacun d'eux en une unité singulière (ipséité) relativement autosuffisante. L'homme n'est donc pas la simple cellule d'un organisme social qui en serait la finalité et le prédéterminerait, ou la partie d'un tout qui la précéderait et le transcenderait – comme le veut la vision opposée du holisme (du grec holos: un tout) pour qui existent en premier des entités supra-individuelles globales (le groupe, la société...) agissant comme des superindividus (d'un point de vue individualiste, ces «êtres sociaux» sont de pures fictions). Mais l'individu de l'individualisme puise ailleurs l'essentiel de sa définition: dans ses propriétés internes qui en font un être autonome dont la vocation est l'indépendance. Cette autonomie résulte de la capacité que lui donne sa raison de pouvoir vivre et agir par soi. Le propre de l'individu humain est en effet de pouvoir se décider par lui-même à partir de représentations et de normes émanant de sa réflexion critique, qu'il est apte à traduire en stratégies et en actes (pouvoir sur soi). D'autre part, dans la mesure où sa personnalité profonde s'exprime par des désirs et passions singuliers, il est mû par des intérêts particuliers qui l'amènent à vouloir

vivre selon eux, pour son propre compte, pour soi, en dé-pendant le moins possible de volontés extérieures qui ten-draient à l'aliéner. A défaut de pouvoir nécessairement devenir une réalité ou même d'être recherchée avec autant de force et au même degré par tous les individus, cette aspiration à l'indépendance est vue par l'individualisme comme l'expression la plus achevée de la nature humaine.

2) L'affirmation de la possibilité et de la légitimité de la liber-té individuelle. - La reconnaissance conjointe de cette ca-pacité d'autodétermination et de cette vocation à l'indépen-dance en tant que propriétés potentielles de l'être singulier conduit logiquement l'individualisme à poser la liberté indi-viduelle en valeur suprême. L'individu apparaît fondamenta-lement seul propriétaire de soi et souverain: par nature, il n'appartient pas à qui ou quoi que ce soit (autres individus, entités sociales ou naturelles) au sens où cette apparte-nance impliquerait le fait d'être possédé ou subordonné sans consentement. La liberté individuelle prend donc d'abord racine dans une potentialité originelle intérieure que chacun doit pouvoir actualiser en s'accomplissant dans la réalisation de ses fins particulières. Cette légitimité foncière définit le droit naturel de l'individu d'être l'acteur de sa propre vie sans subir de coercition -- et le créateur de sa propre identité sans se la voir imposée par des apparte-nances non choisies. L'individu suppose en conséquence une volonté continue d'émancipation des entraves exté-rieures s'opposant à la jouissance de la souveraineté per-sonnelle, d'où le problème qui le hante constamment: si cette liberté ne se réduit pas à celle d'un individu seul ou d'un seul individu, jusqu'où et comment peuvent s'harmoni-ser les multiples libertés individuelles et sur quelles bases peuvent-elles consentir à une limitation de leur exercice-qui ne porte pas nécessairement en lui-même les normes de son bon usage?

3) L'individu n'exclut pas la personne, mais l'individualisme s'oppose au personnalisme. - Si l'individu humain est ainsi capable d'autonomie, c'est parce qu'il vit une seconde vie, intellectuelle, à l'intérieur de lui-même. Il est une cons-cience de soi: dans l'intimité de son for intérieur, il s'appa-

raît à lui-même, il revient sur lui-même. Cette réflexivité lui permet de s'auto-transcender et de disposer d'un pouvoir de soi sur soi. L'individualisme s'enracine aussi dans cette unicité d'une relation à soi qui fait de l'individu doublement un sujet: un être qui existe au-dedans de lui-même, dans une subjectivité qui le différencie irréductiblement des autres – et un être qui est le support, l'auteur conscient de ses choix et ses actes dont il est par suite responsable. L'individu humain présuppose donc en lui l'existence de la personne (puisque c'en est là la définition), qu'il protège et exprime en jouant le rôle d'interface entre elle et l'environnement social. L'individualisme ne peut cependant pour autant être confondu avec le personnalisme, compte tenu de la connotation idéologique prise dans l'histoire récente des idées par le courant ainsi dénommé qui répudie la notion d'individu en raison de son lien historique avec un désir d'indépendance amalgamé à la fermeture égoïste aux autres et au social. Alors que le personnalisme ne conçoit la personne que dans l'immersion et la dépendance communautaire, l'individualisme voit là autant d'atteintes à l'amour de soi et la libre disposition de soi qu'exigent justement pour lui le secret et la «respiration» d'une personne dont l'indépendance individuelle est le complément vital et social nécessaire.

4) L'individualisme ne s'oppose pas à la société mais au communautarisme. Sauf dans certaines de ses formulations les plus radicales (axées sur l'illusion de l'autosuffisance solipsiste ou isolationniste), l'individualisme ne nie pas plus la réalité primordiale du « sociétal » que la nécessité de l'organisation sociale. Qu'il s'énonce au niveau de l'individu universel, d'un individu particulier ou de la pluralité concrète des individus, il intègre leur inscription empirique dans un habitus culturel qui leur est antérieur et les imprègne originellement – ainsi que leur interdépendance ultérieure au sein du réseau des relations obligées et désirées avec les autres. Mais il refuse de réduire l'individu au simple état de «produit» (passit) de ces déterminations et de ne voir en lui qu'un «animal social». Non seulement ces données de fait n'entrainent aucune obligation de droit,

mais pour l'individualisme, l'individu peut et doit les dépasser en s'en nourrissant pour librement coopérer avec ses semblables et surtout ceux qu'il choisit. De la synergie et de la logique de ces interactions (l'interindividuel) émergent des modes de socialité contractuels et un ordre social spontané – que viennent encadrer des principes d'organisation juridico-politiques protecteurs de la liberté individuelle et générateurs d'une société ouverte. C'est au nom de cet idéal que l'individualisme refuse non pas la société en soi mais précisément la société close – de loin le type sociétal le plus répandu dans le monde et qui prédominait partout à l'origine. Organisée selon le schéma «holiste», elle subordonne en effet hiérarchiquement les individus au «tout» organique de la communauté. Soudé aux autres malgré lui, soumis à des modèles et valeurs dont il n'est en rien l'auteur et qui en font le moyen de fins sociales qui le dépassent, l'individu s'y trouve par suite plus ou moins fortement privé de liberté. L'individualisme s'oppose donc d'une manière absolue à ce mode d'organisation globalement communautaire qui, en Occident du moins, a progressivement abandonné la forme traditionnelle du tribalisme pour prendre celle du collectivisme propre aux systèmes totalitaires mais aussi, dans une certaine mesure, aux modernes sociétés sur-étatisées.

5) (…) Les domaines susceptibles de recevoir une interprétation ou une pratique individualiste sont eux-mêmes fort variés: il y a ainsi un individualisme sociologique, politique, économique mais aussi religieux, éthique, voire même épistémologique et philosophique – ou des dimensions sociologiques, politiques, économiques, etc., de l'individualisme qui ne sont pas nécessairement complémentaires les unes des autres. Assurément, la «configuration» individualiste trouve matière à s'incarner dans tous les champs imaginables de l'activité humaine. Cette richesse polydimensionnelle se décline en une vaste pluralité d'expressions au sein de chaque champ considéré : sous la catégorie trop générale de l'individualisme, ce sont des individualismes qui y coexistent et parfois s'y concurrencent. Les particularités nationales invitent à distinguer les formes allemandes

(la Bildung ou éducation intérieure de soi), anglaises (la privacy, le self-ownership) et françaises (l'universalité dans l'égalité) de l'affirmation de l'individualité. Sur le plan idéologico-politique rivalisent des versions anarchistes (Stirner), démocratiques (Durkheim), libérales (Locke), aristocratiques (Nietzsche) et conservatrices (Hayek) du primat de la liberté de l'individu. Et on ne saurait identifier le narcissisme de masse repéré par Tocqueville puis Lipovetsky à l'élitisme du libre entrepreneur célébré par Ayn Rand ou au goût farouche de la solitude que cultivent aussi bien un Sade qu'un Kierkegaard. Cette extrême dispersion des conceptions de l'individualisme est la source de confusions, parfois intentionnelles et malveillantes, qui le réduisent à une seule (souvent dégradée) afin de le disqualifier en tant que configuration globale. C'est ce qui se produit en particulier lorsqu'on l'assimile à l'égoïsme (ne vivre que pour soi) alors qu'il est le vecteur d'une éthique universelle des droits de l'homme et qu'il combat les idéologies sacrificielles interdisant à celui-ci de vivre pour soi. Ou bien quand on n'y voit que le culte hédoniste du repli privé sur soi alors qu'il est également porteur d'une exigence de responsabilité individuelle et citoyenne. Un et multiple, l'individualisme peut tout autant donner lieu à une pratique exclusivement centrée sur un «ego» singulier qu'à la reconnaissance humaniste de la valeur absolue de chaque individu.

6) Les niveaux de participation au paradigme individualiste. - Si l'individualisme se définit par toute une série de traits caractéristiques (dont l'ensemble cohérent en constitue le «paradigme»), chacun de ceux-ci peut se révéler plus ou moins présent selon l'époque ou la société considérée. Une époque ou une société seront donc d'autant plus individualistes qu'un plus grand nombre de ces traits s'y présente et que chacun d'eux y est pleinement inscrit dans la culture et l'organisation sociale correspondantes. C'est-à-dire, concrètement, et en s'appuyant sur la connexion entre l'individualisme et la primauté de la liberté individuelle de choix, qu'y seront développées la liberté de posséder (droit de propriété), contracter, échanger, entreprendre et concur-

rencer (économie de marché); la liberté de conscience religieuse; la liberté d'association et d'expression critique; la liberté en matière de mœurs (choix du conjoint et du mode de conjugalité, possibilité du célibat et de styles de vie égocentrés, égalité des sexes, tolérance de la diversité des préférences sexuelles, affranchissement de la tutelle familiale ...). Mais aussi qu'y prévaudront la multi-appartenance ou l'absence d'appartenance plutôt que l'obligation d'appartenir à vie à un seul groupe; la mobilité géographique, professionnelle et sociale; et enfin la protection légale des droits individuels de propriété par ou face à l'Etat ainsi que la possibilité pour les individus citoyens de contrôler celui-ci et de prendre activement part à l'exercice politique du pouvoir. Le recensement de cette gamme de «possibles» permet d'éviter le manichéisme induit par l'opposition des deux paradigmes individualisme/holisme (une société est totalement individualiste ou ne l'est pas du tout) et de repérer empiriquement les étapes successives de l'individualisation des comportements et de l'organisation sociale.»
(Histoire de l'Individualisme, Alain Laurent, Editions PUF, 1993)

2. «L'individu se trouve ainsi, dans l'état politique, pourvu des mêmes garanties que dans l'état de nature. Les droits dans la société prennent modèle sur les droits de l'individu dans la nature. La société est ainsi rendue conforme à l'ordre naturel. James Wilson reflète une pensée très largement répandue lorsqu'il affirme: 'La loi de nature s'applique aux individus; la loi des nations s'applique aux Etats.'
L'Etat américain observant strictement les lois de nature, se contente d'en élargir l'objet du contrat, passant de l'individu dans l'état de nature à la société en situation contractuelle. Il arrive que le contrat politique soit restrictif par rapport à l'état de nature. Dans ce cas qui est celui des Etats européens où les droits naturels ne sont pas observés, le contrat politique est illégitime. Seuls les Américains peuvent se prévaloir d'assurer à leur postérité qu'elle jouira pleinement

de 'la vie, de la liberté et de la poursuite du bonheur', comme l'affirme la Déclaration d'indépendance (...)»
(Les mythes fondateurs de la nation américaine, Elise Marienstras, Editions Maspéro, 1977)

3. «La Révolution française a posé que chaque homme possède des droits naturels inaliénables, du seul fait qu'il est individu. Indépendamment donc de tout rapport à la collectivité dans laquelle il est inséré. Et c'est l'individu qui, par le consentement qu'il donne, lors de la formation du contrat social fondateur, qui devient la source de tout pouvoir.»
(Dominique Wolton)

4. Le nombrilisme est une attitude narcissique et égocentrique qui consiste à n'attacher d'importance qu'à sa personne, qu'à poursuivre ses intérêts sans s'intéresser à l'autre et à la communauté, sans ressentir aucune obligation morale vis-à-vis d'eux.

5. L'individualisme et les Intellectuels, Emile Durkheim, in Revue bleue, 1898

Chapitre II

La démocratie républicaine
représentative, humaniste et équilibrée

La démocratie du XXI° siècle doit absolument être régénérée et être en phase avec les individus qui la compose. Cette nouvelle identité, c'est une démocratie républicaine libérale représentative humaniste et équilibrée. C'est la nouvelle démocratie républicaine. Il s'agit d'un système politique qui pose, qu'entre être humains égaux, la liberté individuelle est le principe de base. Cette liberté a comme contrepartie obligée la responsabilité individuelle à hauteur de cette liberté afin de faire vivre la vertu républicaine où l'appartenance à la communauté impose un devoir de solidarité et de tolérance, le tout en mettant l'humain au centre des préoccupations par le respect de sa dignité.

Ce projet semble se heurter à l'autonomisation grandissante des individus. Pourtant, ceux-ci pourraient bien être la chance de mettre en place un tel projet s'ils sont capables de relever le défi d'être des personnes libres, responsables, éclairées et respectueuses. La démocratie républicaine représentative humaniste et équilibrée doit s'appuyer sur la liberté, le respect, la responsabilité et le savoir.

Démocratie républicaine et non république démocratique car la liberté individuelle doit primer et précéder les libertés de la communauté. La première fonde les secondes et non l'inverse. Mais pour que la première soit la condition des secondes – les secondes devant permettre l'épanouissement de l'individu –, il faut qu'elle s'exerce avec responsabilité. Or ce n'est pas toujours le cas dans nos démocraties actuelles où l'intérêt individuel s'exonère de la nécessaire responsabilité, détruisant ainsi l'intérêt collectif. Or, un individu ne peut poursuivre son intérêt individuel que s'il est responsable de ses actes et de ses décisions. Un individu responsable est un individu réfléchi et pondéré qui est capable de prendre des décisions par lui-même, qui répond de ces mêmes décisions et de ses actes, qui se montre garant de la vitalité du lien social et qui agit de manière responsable, c'est-à-dire en essayant honnêtement que son action n'aura pas de conséquences négatives pour les autres et pour la communauté.

Cette nouvelle démocratie républicaine doit être une avancée dans la promotion de la condition humaine en prenant en compte l'état actuel des sociétés démocratiques et non en faisant des retours en arrière qui nieraient les bienfaits de leur développement initiés ces dernières décennies et même si l'autonomisation égocentrique assistée insatisfaite irresponsable irrespectueuse de l'individu est montée en puissance au détriment d'un lien social qui doit être refondé à partir des valeurs immuables du vivre ensemble (liberté, solidarité, tolérance) en réinjectant l'indispensable responsabilité notamment grâce à l'éducation et à la transmission du savoir et, évidemment, le respect.

L'ambition de la nouvelle démocratie républicaine humaniste et équilibrée consiste à créer les conditions permettant l'émergence d'une personne, c'est-à-dire d'un individu libre, respectueux de l'autre, responsable dans, par et de ses actes, instruit – possédant savoir, savoir-faire, savoir-vivre – qui lui donne la capacité d'être pleinement libre, pleinement responsable et pleinement respectueux, membre d'une communauté équilibrée dans laquelle il est solidaire des autres par une relation d'égalité (égalité politique des droits et des chances mais pas des conditions) où sa différence ontologique est pleinement reconnue par la tolérance. Etre libre, être respecté et respectueux, être responsable, avoir des responsabilités et endosser la responsabilité de ses actes, être instruit sont en effet les quatre conditions de la personne pour qu'elle soit un citoyen éclairé capable de prendre des décisions de nature à faire progresser la vie bonne (vivre bien ensemble, vivre bien individuel et réalisation de soi), de prendre son destin en main, c'est-à-dire de profiter de son existence en la dominant au lieu de la subir et d'être capable de combiner ses intérêts et l'intérêt de la société.

Chapitre III

Contre les individus à responsabilité limitée

La liberté nécessite en retour la responsabilité. Pas de liberté sans responsabilité, pas de responsabilité sans liberté Mais celle-ci nécessite le savoir, tout au moins un minimum de savoir. Si la nouvelle démocratie républicaine sera fondée sur le respect, elle le sera également sur la liberté, la responsabilité et le savoir. Ces quatre principes se complètent et prennent en compte les nouvelles demandes des citoyens tout en faisant en sorte de les réguler afin de les empêcher de détruire le socle sur laquelle elle s'appuie, la démocratie républicaine.

Est-ce que tout être humain qui nait est un individu libre? En d'autres termes, la liberté est-elle une condition qui ne s'acquiert pas mais qui est donnée dès la naissance et que la société doit respecter comme l'affirment les penseurs libéraux? Est-ce, alors, comme ils l'affirment que c'est par l'intérêt rationnel que l'on peut organiser la société sur des bases de coopération entre des individus libres, l'intérêt étant, en quelque sorte, le moteur de la responsabilité. Mais sans cette responsabilité, les penseurs libéraux affirment que cela n'ôte pas la condition d'individu libre, car celle-ci préexiste à la société et même est ontologique à la condition de l'être humain.

Pour l'exercice effectif de la liberté dans une société, il faut de la responsabilité car l'individu ne peut s'extraire de sa condition de membre d'une communauté acquise dès sa conception dans le ventre de sa mère. Dès lors, la communauté, si elle n'est jamais légitime à priver l'individu de sa liberté sauf s'il commet des actes graves, peut néanmoins la limiter à tout individu irresponsable afin de protéger la communauté (ou alors le bannir de la société). Cependant, n'oublions pas que la responsabilité s'attache à la liberté. Ainsi, tout pouvoir qui dénierait la liberté à l'individu ne pourrait légitimement lui demander d'être responsable et de la respecter. Seul un individu libre peut respecter un pouvoir qui le respecte. Sans responsabilité, c'est soit une société totalitaire où l'individu est dépossédé de sa liberté, soit une société de la licence où la communauté est dépossédée de sa légitimité.

La peur de la liberté?

Comme l'ont bien compris et étudié un certain nombre d'auteurs, ceux-ci ont pointé la peur que l'individu éprouve devant la liberté et ses vertiges de choix et, surtout, de responsabilité qui accompagne celui-ci (1). Pour autant, ce que ces mêmes auteurs minimisent, c'est que ce même individu tente de transiger uniquement à son profit son dilemme en prenant tout ce qui est «positif» pour lui de cette liberté et en rejetant tout ce qui est «négatif» (c'est-à-dire de devoir assumer toutes les «contraintes» qui accompagnent la liberté).

Ainsi, dans un comportement totalement irresponsable, il demande les fruits de la liberté mais veut abattre l'arbre qui les fournit! Dès lors, il est cet individu à responsabilité limitée, plus, cet individu qui tente d'escroquer la liberté en lui arrachant tous ses bienfaits tout en refusant de lui payer son dû.

Note de ce chapitre:

1. «Le libéralisme classique a sans doute sous-estimé la peur de la liberté qui anime la plus grande partie de l'humanité et lui a fait, entre autres facteurs, s'accommoder du despotisme. Le caractère élitiste de l'individualisme libéral ne doit pas être sous-évalué. Il semble ignorer le fait que tout être humain ne peut ou ne veut devenir un individu, que c'est un idéal trop exigeant pour la plupart et donc

en grande partie aristocratique. (...) il sous-estime le désespoir et la répulsion qui peuvent naître face à la solitude, aux angoisses et aux responsabilités qui grèvent la liberté individuelle. L'absurdité de la liberté individuelle a été l'un des thèmes philosophiques les plus populaires du XX° siècle, de Kafka à Sartre, et son succès conduit à se poser des questions sur les limites d'un soutien populaire pour la liberté individuelle.»
(Catherine Audard, Qu'est-ce que le libéralisme, Gallimard, 2009)

Chapitre IV

Pas de société démocratique équilibrée sans responsabilité et sans savoir

Le bon fonctionnement de la démocratie est impossible sans responsabilité. Un individu libre est quelqu'un qui fait des choix sans contrainte autre que celle du respect de la liberté d'autrui mais qui est capable, dans le même temps, de faire des choix responsables. Sans vraie capacité pas de réelle liberté. Cette capacité s'acquiert grâce à son émancipation, c'est-à-dire par l'acquisition d'un savoir qui lui permet de se déterminer librement et en toute responsabilité, à la fois, pour son intérêt propre mais également pour celui de la communauté à laquelle il appartient. D'où l'importance, dans une démocratie républicaine, d'une transmission du savoir efficace par un système éducatif performant et des médias délivrant une information sérieuse et libre afin de donner la réelle capacité à chaque individu de choisir en toute responsabilité.

Sans cette prise en compte concomitante de ces deux intérêts, individuel et collectif, il ne peut y avoir de société équilibrée composée de personnes c'est-à-dire d'individus libres, respectueux, solidaires et tolérants ayant des droits et des devoirs. C'est pourquoi l'on peut être inquiet devant les avancées de l'égoïsme et de l'égocentrisme dans les pays démocratiques. Cette autonomisation égocentrique assistée insatisfaite irresponsable irrespectueuse montante de l'individu, caractéristique des sociétés postmodernes, n'est pas une conséquence inéluctable de l'avancée de la démocratie, bien au contraire, mais le résultat d'un dévoiement de l'individualisme par l'exercice d'une liberté sans responsabilité. Celle-ci n'est en réalité qu'une licence permettant à chacun d'entre nous de pouvoir revendiquer à son unique avantage et de choisir pour son seul intérêt propre en rejetant toute idée de responsabilité dans ses revendications et ses choix. Or, une telle perversion de la liberté détruit évidemment le vivre ensemble, détruit la démocratie et, in fine, détruit la liberté elle-même. Sans responsabilité, l'exercice de la liberté n'est qu'une suite de décisions dont le seul horizon est la satisfaction égoïste et égocentrique de désirs immédiats et la volonté d'acquérir des privilèges sans se soucier des conséquences.

En outre, en l'absence de responsabilité, l'individu a tendance à orienter ses choix vers l'obtention d'un avantage superficiel et un profit à courte vue au détriment de décisions qui auraient des bénéfices, non seulement, plus pérennes et plus respectueux de l'autre, mais qui seraient évidemment meilleurs pour ses propres intérêts et ceux de ses proches.

Toutes les avancées de la liberté ne se conçoivent que pour un individu respectueux et donc responsable. Un individu de plus en plus autonome et libre est un danger pour la société s'il est irresponsable. Cette irresponsabilité détruit alors le lien social qui unit les membres d'une même communauté entre eux. La responsabilité est liée au respect, condition sine qua non du bon fonctionnement de la démocratie. Elle doit s'élever en même temps que l'individu acquiert une plus grande autonomie.

Les admirateurs des régimes totalitaires considèrent les individus comme des incapables qui ne peuvent se prendre en main et décider pour eux et pour la communauté. Les promoteurs des luttes pour l'émancipation qui ont traversé les XIX° et XX° siècles voulaient démontrer l'inanité d'un tel raisonnement. Ils savaient que la liberté était un risque. Cependant, ils pariaient dans la reconnaissance des bienfaits de celle-ci par les peuples qui l'utiliseraient avec responsabilité ce qui permettrait qu'ils fassent bon usage de cet inestimable bien (tout en mettant en place des garde-fous contre les excès de la majorité). Il serait bien dommage que les peuples libres contredisent ces derniers et donnent raison aux premiers…

Chapitre V

L'individu du XXI° siècle à la croisée des défis de la nouvelle démocratie républicaine

La thèse défendue ici est que la progression et la longévité des régimes démocratiques républicains (ainsi que leur influence sur tous les régimes du monde) de même que le libéralisme économique ont engendré un individu à double-facette en ce XXI° siècle. D'abord, c'est un individu-monde culturellement métissé, médiatiquement mondialisé et mondialement connecté, qu'il le veuille ou non, qu'il en soit conscient ou non, qu'il vive dans une démocratie ou non. Mais cet individu a également acquis, dans le cadre d'Etats hypertrophiés, une plus grande autonomisation et celle-ci est devenue largement égocentrique (voire égoïste) assistée, irresponsable, irrespectueuse insatisfaite. Pour autant, si cette autonomisation représente un risque pour la démocratie républicaine en menaçant de la pervertir en une vulgaire médiacratie médiocratique démagogique populiste consumériste qui deviendrait à terme un régime autocratique, elle peut également être une chance pour une nouvelle démocratie républicaine de triompher si les éléments qui la constituent sont sublimés par l'individu en approfondissant, et la liberté, et l'égalité, et la responsabilité mais surtout si le respect devient la vertu à la fois de la communauté mais aussi de chaque individu en apportant l'indispensable dignité que chacun mérite et que tous les autres doivent respecter.

Cette autonomisation progressive des individus est due à l'approfondissement mais aussi au dévoiement des comportements démocratiques – liberté (souvent plus sociétale que politique qui peut aboutir à une revendication de toujours plus de droits et, a contrario, à une participation politique et électorale en recul) et surtout égalité – issu de la pratique et du développement des droits individuels (droits de, droits à), c'est-à-dire des droits donnés à chaque personne pour son unique intérêt par l'Etat. Ce dernier, par ailleurs constamment défié par l'individu, est ainsi devenu le recours en première et dernière intention de chacun pour faire respecter ses droits, pour demander une protection la plus étendue possible, pour se défausser de sa responsabilité, pour demander un bien-être toujours plus grand, pour se garantir de l'intrusion des autres dans sa sphère personnelle – qu'il souhaite étendre de plus en plus – et éviter qu'il soit spolié dans la sphère communautaire (pour que ces autres ne soient pas favorisés par rapport à lui et qu'il obtienne au moins autant que ce que ces autres ont obtenu).

Ce processus amène à ce que la demande de liberté devienne une demande à être considéré comme unique et la demande d'égalité soit, en réalité, une demande d'«égalité prioritaire» (moi d'abord parce que je suis au moins égal aux autres), donc d'une demande réelle d'inégalité, d'être considéré comme prioritaire c'est-à-dire une demande à être servi en priorité, à être respecté sans acceptation de réciprocité que celle choisie, une démarche que certains rapprochent de celle d'un consommateur et non d'un citoyen. Car cette autonomisation grandissante que réclame l'individu, le fragilise également puisqu'elle lui donne souvent l'impression d'être abandonné et laissé seul pour prendre des décisions existentielles qu'il estime difficiles à endosser. C'est pourquoi elle induit cette demande de surprotection et de «sur-égalité» face aux risques en tout genre, à l'insécurité et à la précarité mais sans remettre en cause les aspects qui lui semblent positifs de cette autonomisation, c'est-à-dire ceux qui servent ses intérêts.

Dans le même temps, la nouvelle ère de mondialisation (dont fait partie la globalisation économique) – qu'elle soit aujourd'hui en fin de cycle ou non – a diffusé partout les valeurs démocratiques (ainsi que les cultures, notamment les cultures démocratiques), surtout les valeurs du libéralisme économique, renforçant cette autonomisation et les revendications égoïstes et égocentriques des individus, justifiées, entre autres, par un détournement du droit à la différence. Mais cet approfondissement et cette diffusion de la culture démocratique et des principes du libéralisme économique ont été partielles parce qu'elles n'ont pas pris en compte deux éléments indispensables à l'existence d'une vraie démocratie, le respect de l'autre ainsi que la responsabilité de l'individu (d'où, d'ailleurs, la montée de certaines idéologies extrémistes qui condamne cette mondialisation jouant sur le désarroi de la population devant une société de plus en plus déshumanisée). Or, sans ces deux éléments précités, la liberté acquise, l'égalité établie et la progression de l'autonomisation ne peuvent aboutir qu'à un individu égocentrique, assisté, irresponsable et irrespectueux. Et cet individu, enfant de la liberté et de l'égalité, devient dès lors une menace pour celles-ci car ses comportements boulimiques de tout vouloir comme un dû sans rien devoir en retour (toute obligation de ce type étant vue comme une contrainte inacceptable) peuvent les engloutir, les détruire et les tuer.

Dès lors, le salut et l'approfondissement de la démocratie passe par cet individu-monde culturellement métissé culturellement, médiatiquement mondialisé et mondialement connecté s'il assume sa liberté et l'autonomie qui va avec, de manière responsable et respectueuse. La nouvelle démocratie républicaine du XXI° siècle, nouvelle étape des révolutions démocratiques du XVIII° siècles et de la démocratisation des sociétés au XIX° et au XX° siècles, se bâtira sur la liberté et l'égalité respectueuses ou n'existera pas. Pire, les expériences démocratiques ne pourront pas survivre si les peuples libres ne prennent pas conscience que l'autonomisation individuelle n'est soutenable pour une communauté que si elle s'accompagne de la considération de l'autre, que si la liberté individuelle et l'égalité sont médiatisées par le respect de soi-même et de l'autre, que si l'individu devient responsable de ses décisions et de leurs conséquences. Sinon, les régimes démocratiques imploseront tôt ou tard. D'abord en une médiacratie médiocratique, démagogique populiste consumériste, dont on voit les prémisses dans certains pays, puis en un simple régime autocratique qui a déjà vu le jour dans d'autres.

Chapitre VI

Le nouvel individu

Décortiquons le «nouvel individu» dont les caractéristiques sont issues des évolutions des sociétés de la fin du XX° siècle et du début du XXI° siècle.

- **Individu-Monde**: l'individu et l'individualisme sont des réalités incontournables; cet individu devient un monde en soi car du fait de son émancipation de la communauté dont il est devenu une sorte d'indépendant associé et non plus un élément dépendant (tout au moins dans sa façon d'agir et de penser), il acquiert la capacité de se construire à son envie et, grâce à l'ouverture du monde, il peut piocher dans un nombre de possibles illimité.

- **Culturellement Métissé**: nous ne sommes plus définis uniquement par une culture, qu'elle soit essentiellement locale, communautaire, nationale, voire même continentale; nous sommes des produits de toutes les cultures du monde, que nous le voulions ou non, que nous choisissions d'êtres des Chrétiens croyant en la réincarnation ou que nous soyons baignés par des sitcoms télévisées américaines en mangeant du Roquefort, ce qui façonne avec nos références locales ou nationales différentes, que nous en soyons conscients ou non, certains de nos comportements. Et ce même si se produisent encore des chocs culturels violents au niveau des sociétés comme celui qui continue d'attiser le terrorisme islamique. Même si nous devions retourner à un «choc des civilisations», cela n'arrêterait pas le métissage culturel de l'individu car tous les outils existent et sont disponibles pour lui permettre de se développer. (1)

- **Médiatiquement Mondialisé**: que le monde soit plat ou non, l'information circule en temps réel et en continue permettant que nous soyons au fait, instantanément, de ce qui se passe à l'autre bout de la planète et ce, que l'événement soit insignifiant ou non. Un tsunami au Japon est vécu en direct en Grande Bretagne et le mariage d'un membre de la royauté britannique est vu en direct par des millions de paysans chinois; que la Bourse de Shanghai baisse et le citoyen finlandais peut le savoir immédiatement; nous sommes submergés par l'information mondiale, ce qui nous donne une connaissance du monde bien plus grande (si ce n'est approfondie!) que celle des générations précédentes.

- **Mondialement Connecté**: l'individu peut désormais, via les télécommunications (en priorité par le web et le téléphone mobile, notamment grâce aux réseaux sociaux), être en connexion permanente avec le monde entier.

Faisons maintenant sa connaissance et analysons son rôle.

Dans notre modernité, postmodernité, voire hyper-modernité mondiales – et pas seulement occidentales comme le prétendent parfois ses adversaires –, l'autonomie de l'individu augmente tout autant que son métissage culturel. En conséquence, il choisit de plus en plus ses références existentielles, sa façon de penser, sa manière de vivre, ses goûts en tout genre parmi les choix infinis que lui propose un monde ouvert où les cultures se rencontrent, se mélangent et s'entrechoquent. Une réalité indépendante de ses revenus, même si ceux-ci sont une variable d'ajustement dans le degré d'ouverture au monde quand il s'agit de consommer de la mondialisation culturelle et médiatique, par exemple. Vivant désormais en temps réel ce qui se passe aux quatre coins de la planète, au courant des modes, des mouvements politiques, sociaux, sociétaux et culturels ainsi que des comportements de ses pairs qu'ils soient à Pékin ou à New York, à Paris ou à Bombay, il se construit en s'immergeant dans toutes ces influences voulues ou non qui l'atteignent et l'entourent continuellement. Sans oublier, évidemment, qu'il est, en retour, un acteur actif et créatif de cette culture mondiale métissée. Résultat, ses goûts sont de plus en plus mondialisés (peu importe qu'il consomme un produit venant d'un autre pays ou une copie fabriquée dans son propre pays). De même, ses références sont de plus en plus mondialisées tout comme son discours, son quotidien et son mode de vie. L'individu-monde mondialisé construit ainsi sa propre différence et non comme l'affirment faussement et péremptoirement les adversaires du métissage, son uniformisation et sa ressemblance aux autres. Il est un monde à lui tout seul, où il entretient des liens avec les autres individus-mondes mondialisés avec qui il est connecté en réseaux, à la fois, de proximité et de grand large. C'est pourquoi, actuellement, chez les observateurs avisés, se pose la question du délitement des liens sociaux traditionnels au fur et à mesure de la montée en puissance de cet individu-monde mondialisé et non une quelconque peur d'uniformisation. Or donc, si l'on se place au niveau de l'humain, force est de reconnaître que l'on n'est pas dans une «semi-mondialisation» et encore moins dans une «dé-mondialisation». On est seulement dans un processus de mondialisation qui évolue, non de façon linéaire, mais dans tous les sens et à des vitesses différentes. Cette évolution est, d'une certaine manière, la victoire de la démocratie et de la liberté. Cependant, elle recèle, dans ses déviations, des dangers qui doivent être pris en compte pour éviter que cette victoire soit une victoire à la Pyrrhus.

Ce que nous devons savoir, c'est que nous sommes tous des individus-mondes mondialisés. Plus ou moins. Mais nous sommes tous dans cette catégorie. Et loin de disparaître comme une simple mode ou un phénomène furtif, ce nouvel individu va perdurer, s'étendre de plus en plus et devenir la norme partout sur la planète. Nous sommes et nous serons, chacun de nous, de plus en plus des mondes indépendants dans un monde interdépendant. Nous serons de plus en plus métissés dans un monde de plus en plus intégré. Nos différences individuelles constitueront des cultures uniques qui se confronteront entre-elles, échangeront, s'enrichiront les unes, les autres, dans une culture mondialisée, mélange de toutes les cultures du monde mais surtout agrégat de toutes les cultures individuelles. Loin d'uniformiser les individus, cette nouvelle donne va singulariser chacun d'entre nous de plus en plus. Si nous avions à craindre quelque chose, ce n'est pas l'uniformisation mais le vertige d'une culture tellement étendue dans ses références, ses choix, ses possibilités que nous aurions des difficultés à nous mouvoir dans son univers encombré.

Et loin d'être anodin, ce processus complexe, de destruction créatrice et de création constructive, pose un véritable défi libertaire et hédoniste que commence à connaître les démocraties représentatives les plus avancées, en Europe, aux Etats-Unis et ailleurs, du Japon à l'Australie en passant par le Brésil ou l'Inde. Mais ce défi «libertario-hédoniste» se pose et se posera de plus en plus dans des pays où des régimes autoritaires sont en place. En détruisant, petit à petit, le contrôle social liberticide, il peut créer les conditions d'accès à la démocratie mais aussi au chaos.

En quoi ce défi est-il «libertario-hédoniste»? Ce nouvel individu est à la fois une chance et un risque pour la nouvelle démocratie républicaine. Ses demandes peuvent permettre d'approfondir et de perfectionner ce système comme elles peuvent le déliter. Le métissage et le mondialisme recèlent des dangers, et pour l'individu et pour la communauté à laquelle il appartient, non pas tant dans les cultures et les informations que dans leur utilisation et leur assimilation par l'individu. Cet afflux de références culturelles et d'informations peut créer de la confusion notamment dans l'incapacité de les assimiler ou de les comprendre (en particulier les flux d'informations en continu). Mais ce sont surtout les comportements qui vont avec cette évolution de son autonomisation qui recèlent les vrais dangers: l'égocentrisme, l'irrespect, l'insatisfaction, l'irresponsabilité. Se croyant seul au monde mais dans un monde tout entier à son service, l'individu met à mal la vie en commun qui est pourtant essentielle à son existence et à son bien être mais aussi à sa capacité à devenir de plus en plus libre, de plus en plus différent et unique.

Ajoutons à cela que cet individu n'est pas une option, c'est une réalité en construction. Bien évidemment tous les individus ne sont pas au même stade de métissage et de mondialisation mais toute la planète est bien, aujourd'hui, peuplée par ce nouvel individu, sauf peut-être dans la forêt amazonienne, dans le bush australien et dans quelques coins isolés identiques. Et encore. Bien évidemment, l'émergence de cet individu n'est pas un processus uniforme, ni dans le temps, ni dans l'espace. Cette émergence entre évidemment en concurrence et, parfois, en chocs frontaux avec les cultures et les nationalismes ainsi que les croyances. Ceux-ci et leurs tenants ne se laisseront pas déposséder de leurs pouvoirs. Les cultures locales et nationales, essentiellement clivantes sont également des lieux de sécurité pour les individus. D'où le fait qu'ils se réfugient parfois dans celles-ci, qu'ils retournent dans leurs girons, que l'on remarque des replis identitaires. Cependant, l'approfondissement de la culture démocratique implique la victoire du nouvel individu face aux particularismes locaux, non pas pour leur destruction mais pour leur inclusion dans les cultures individuelles. En revanche, l'autonomisation égocentrique assistée irresponsable insatisfaite irrespectueuse qui est une manifestation négative de l'approfondissement de la culture démocratique et qui accompagne la montée de cet individu est elle bien plus dangereuse à terme.

Si l'on constate une certaine uniformisation des cultures mondiales, paradoxalement, on assiste à une plus grande différenciation culturelle des individus. Ainsi, les individus se bâtissent à partir d'éléments du patchwork culturel mondial (comme par exemple les chrétiens qui croient en la réincarnation) alors que naît et progresse une certaine culture mondiale. La différenciation culturelle n'est plus forcément le fait d'une communauté (pays, nation, ethnie) par rapport à une autre mais d'un individu par rapport à un autre individu qui peut vivre sur le même palier du même immeuble de la même ville que lui. L'individu global voit dans un monde mondialisé où les références culturelles se sont multipliées et dans lesquelles il pioche pour se construire sa propre culture personnelle, sa culture personnalisée.

Bien évidemment, ce modèle ne s'applique pas encore universellement, toutes les régions du monde n'étant pas au même stade de développement ou, plutôt, de confrontation générale avec les autres cultures que la sienne. Mais ce modèle est celui de la frange la plus avancée de l'humanité, de New York à Mumbai, de Shanghai à Paris, de Londres à Sidney, de Berlin à Tel Aviv, de Rio à Moscou, de Montréal à Johannesburg. Il se peut même que ce modèle n'atteigne jamais certaines régions avant de refluer mais il est le stade le plus avancé d'une société mondiale métissée qui se met en place dans les grands centres urbains tout autour de la planète.

Le challenge est de faire en sorte aujourd'hui que cet individu médiatiquement mondialisé, cet individu culturellement métissé qui a tendance à rompre les liens avec sa communauté d'origine pour vivre comme une sorte d'électron libre puisse être le moteur d'un renouveau de la démocratie républicaine consensuelle, sociale et équilibrée qu'il détruit dans ses comportements égoïstes et égocentriques. Il faut ainsi un lien social rénové autour de la notion fondamentale de respect et, surtout, une mise en route d'une responsabilité individuelle effective en contrepartie de son autonomie grandissante.

Le métissage et la diversité culturels fonctionnent comme une vague avec un flux et un reflux. Lorsque la vague de la culture mondiale (qui a macéré toutes les cultures individuelles) monte vers le rivage, elle apporte ses référents qui imprègnent les individus. Puis, dans le reflux, elle emporte avec elle dans l'océan culturel mondialisé, toutes les appropriations personnelles des individus qui ont façonné leurs propres référents avec ceux de la vague en les multipliant ainsi à l'infini. Puis, dans un mouvement sans cesse renouvelé, la vague, enrichie de tout cela, revient avec de nouveaux nutriments culturels et repart enrichie des apports de chacun de nous. Et si la mondialisation détruit peut-être les anciens particularismes locaux, contrairement à une affirmation souvent entendue, elle n'uniformise rien puisqu'à partir d'une «culture mondiale» déjà largement métissée, se recrée instantanément de nouveaux particularismes, de nouvelles différences. Et il ne peut en être autrement puisque chaque individu est ontologiquement et biologiquement différent. La mondialisation, en individualisant le particularisme, le multiplie à l'infini en le sortant des cultures locales et nationales qui enfermaient souvent les individus, plus qu'elles ne les émancipaient, dans des ghettos culturels en restreignant leur vision du monde et en les rendant dépendants de tropismes nationaux dont la légitimité universelle et historique reste à démontrer.

Note de ce chapitre:

1. Les individus-mondes se heurtent aux particularismes culturels qui sont autant d'embûches à l'établissement d'une vraie culture mondialisée. La réaction de certaines cultures difficilement assimilables devient de plus en plus

violente alors même qu'elles ne peuvent empêcher un certain métissage.

Ainsi, aux côtés d'individus-mondes qui déstructurent les cultures locales, les cultures locales tentent de répliquer de plus en plus violemment, les plus violentes étant celles qui ne peuvent proposer leur propre modernité en se réfugiant dans une vision du monde de plus en plus déconnectée de la réalité.

Dans un monde où circule l'information et où le commerce se globalise, les réactions violentes de certaines cultures semblent, sur le long terme, vouées à l'échec. Leur seule possibilité de remporter la partie serait de revenir en arrière, de nier la montée de l'autonomie de l'individu, c'est-à-dire de nier la montée en puissance de ses capacités, de ses savoirs et de sa volonté légitime de différenciation.

Mais même si cela se produisait, nous en reviendrions à une nouvelle lutte pour l'émancipation de l'individu dont l'histoire contemporaine nous montre qu'elle est à l'origine des révoltes et des tentatives révolutionnaires aux quatre coins de la planète, même si des régimes autoritaires ont parfois réussi, pendant un temps plus ou moins long, à récupérer des mouvements à leur profit.

Chapitre VII

Les dangers de la montée en puissance
de ce nouvel individu

Ce sont les révolutions américaine et française qui ont mis en avant l'individu en tant qu'entité politique après qu'il ait été trop souvent noyé dans une communauté qui souvent le protégeait mais, trop souvent, l'asphyxiait. Le balancier n'est-il pas allé trop loin? Comme le craignaient certains, on assiste en effet à une montée graduelle mais réelle d'un individu à l'autonomie égocentrique égoïste assistée irresponsable insatisfaite irrespectueuse. Analysons plus en détail les dangers que recèle la montée en puissance de ce nouvel individu pour la nouvelle démocratie républicaine.

- **Autonomisation** (1): il s'agit du processus par lequel l'individu de plus en plus autonome grâce à la liberté qui lui est accordée ainsi que par les capacités qu'il acquiert, lui permettant de s'affranchir d'une dépendance vis-à-vis de la société et de se prendre en charge afin de maîtriser sa destinée économique, professionnelle, familiale et sociale, tout en estimant qu'il n'a de compte à rendre à personne ou qu'il n'a aucune obligation de se sentir redevable par rapport à la communauté dont il est issu et/ou dans laquelle il vit.

- **Egocentrique** (2): l'individu, dans le cadre de la société démocratique, peut assouvir librement sa tendance à tout ramener à lui, à se sentir le centre du monde, à se centrer sur lui-même et sur son cercle proche au détriment des autres mais aussi de la collectivité (cet égocentrisme est souvent couplé avec un égoïsme (3) mais ce n'est pas automatique).

- **Assistée**: l'individu revendique un certain nombre de droits («droits à») qui, selon lui, doivent aboutir à des aides et des prises en charge par la société au nom de son existence, de sa différence et de son caractère unique.

- **Irresponsable**: l'individu refuse d'assumer ses responsabilités sociales au nom de sa liberté ainsi que la responsabilité de nombre de ses actes, considérant que ses droits sont supérieurs à son devoir de responsabilité.

- **Insatisfaite**: l'individu est insatisfait de sa situation et de son statut sociaux de même qu'il est toujours insatisfait de ce qu'il a dans une démarche de demande d'un «toujours plus».

- **Irrespectueuse**: l'individu demande le respect pour lui-même mais, en retour, refuse de respecter les autres, les valeurs de la démocratie et du vivre ensemble au nom de sa liberté, de ses droits et de son autonomie.

Cet individu veut plus d'autonomie, plus de temps libre, plus d'espace de liberté dans un environnement sécurisé. Il veut jouir de la vie estimant que cela est un dû de la société à son égard. Voilà sans doute ce qui va peut-être être à l'origine, si l'on ne fait rien pour l'empêcher, du lent déclin irréversible des sociétés démocratiques où l'on a réussi à déconnecter l'appartenance à la communauté du bien être dans lequel nous vivons pour en faire un état «naturel» et qui ne produit que des droits et pas de devoirs, où l'on a également déconnecté puissance et responsabilité.

Ce qui est dangereux pour la démocratie, ce n'est pas un excès de liberté ni même l'autonomisation en elle-même mais que celle-ci devienne de plus en plus égocentrique assistée irresponsable irrespectueuse insatisfaite au fur et à mesure qu'elle progresse, ce qui produit un individu aux comportements immatures qui réclame, dans une démarche égoïste et égocentrique, toujours plus d'assouvissement de ses désirs, qui se drape dans une posture de rébellion contre toute autorité tout en demandant de manière quasi-exponentielle, que l'on s'intéresse à lui et que l'on s'occupe de lui, qu'on le protège contre tous les risques de la vie, qu'on lui accorde toutes les protections possible et imaginables. D'où un attachement parfois contradictoire à la nation ou à un groupe communautaire quelconque, attachement qui peut provenir également du vertige angoissé face à la mondialisation et à ses manifestations.

Ainsi, si l'on analyse finement ce mouvement sociétal, on s'aperçoit que l'individu ne demande pas plus de liberté, ce qui serait pour lui une aventure à ses risques et périls, mais une plus grande autonomie pour vivre tous ses désirs et ses caprices dans le cocon d'une communauté qui le protège mais à laquelle il ne veut rendre aucun compte. Ce comportement d'une grande irresponsabilité est tout le contraire de celui d'un homme libre car la liberté demande, en retour de son exercice, une responsabilité à la hauteur de ce qu'elle offre à qui sait en payer le prix. Cette autonomisation égocentrique assistée irresponsable irrespectueuse insatisfaite de l'individu doit être combattue car elle sape les fondements de la liberté qu'elle pervertie. Et, dans le même temps, il convient de redonner du sens à l'acquisition de la liberté.

Le processus d'autonomisation égocentrique assistée irresponsable de l'individu, cet oxymore, signifie que l'individu s'éloigne dans un mouvement de différenciation-séparation de plus en plus de la communauté tout en demandant sa prise en charge de la part de sa communauté d'origine (voire de toutes les communautés) au nom d'une solidarité que lui-même refuse d'appliquer et d'une responsabilité de la communauté alors que lui-même se déclare irresponsable.

L'individu revendique ainsi sa différence ontologique et culturelle, en instrumentalisant à son unique profit la liberté apportée par la démocratie. Et, grâce à l'abondance apportée par le capitalisme, il devient également un consommateur hédoniste, égoïste, égocentrique. Cette autonomisation, issue du statut de l'individu dans sa communauté d'origine mais également par le phénomène de mondialisation, lui permet ainsi de revendiquer le statut de citoyen d'un monde cosmopolite, multiculturel et métissé sans se sentir responsable d'aucune communauté qui le compose, ni d'une quelconque autorité mondiale, puisqu'il n'en existe aucune qui puisse le contraindre à quoi que ce soit.

Evidemment, cette autonomisation égocentrique assistée irresponsable irrespectueuse semble, à première vue, constituée de demandes paradoxales. En réalité, elle n'est que la manifestation de la volonté de l'individu d'être le centre du monde, que tout soit ramené à lui, de la revendication qu'il a droit à tout ce qu'il veut sans en assumer la responsabilité, comportement typique d'un être immature nombriliste et narcissique.

Cette autonomisation égocentrique assistée irresponsable irrespectueuse de l'individu détruit le lien à la base du vivre ensemble. Elle en détruit ainsi une des bases fondamentales, le respect d'autrui en affirmant la revendication exclusive du respect à soi de l'autre et de la société, sans réciprocité aucune. Quotidiennement, nous sommes tous témoins (mais aussi acteurs!) de ce manque d'égard à l'autre et de cette demande d'un infini respect à soi-même.

La progression de l'autonomie de l'individu est en réalité un défi pour les sociétés démocratiques qui peut mener à terme à un approfondissement de la démocratie et à une société plus libre, plus solidaire et plus équilibrée. Cependant, cette progression peut être une grave menace pour le système démocratique si cette autonomie continue à s'étendre de manière égocentrique et irresponsable. Il convient donc de trouver la bonne voie qui permettra à la démocratie de se régénérer grâce à l'autonomie grandissante de l'individu.

Pour cela, une notion est fondamentale, la responsabilité.

Notes de ce chapitre:

1. Processus par lequel une personne ou une collectivité se libère d'un état de sujétion, acquiert la capacité d'user de la plénitude de ses droits, s'affranchit d'une dépendance d'ordre social, moral ou intellectuel.

2. Comportement venant du la déformation du moi, involontaire et inconsciente, consistant à n'envisager le point de vue ou l'intérêt des autres qu'à partir du sien propre.

3. Comportement issu de l'attitude ou conduite de celui qui, le plus souvent consciemment, ne se préoccupe que de son intérêt ou de son plaisir propre au détriment ou au mépris de celui d'autrui.

Chapitre VIII

Autonomisation et sur-reconnaissance

On pourrait voir dans le progrès et le triomphe de cette autonomisation pour le moins paradoxale, voire dévoyée, une manifestation de cette envie de reconnaissance dont nous parle Hegel (1)(2) et qui fait dire au philosophe allemand, Axel Honneth, «Sans la reconnaissance, l'individu ne peut se penser en sujet de sa propre vie.» (3) Il s'agirait donc, en demandant à l'autre et à la communauté de lui accorder la dignité qu'il mérite en tant qu'humain dans une société d'humains, c'est-à-dire le respect de son individualité dans la relation sociale. Mais, comme le dit si bien La Rochefoucauld, la reconnaissance n'est peut-être « qu'une secrète envie de recevoir de plus grands bienfaits». Dès lors, dans cette autonomisation, la demande serait une sorte de «sur-reconnaissance» (moi avant et même sans que l'autre soit reconnu) qui génère les demandes de «sur-égalité» et «sur-respect» dont nous avons parlé afin d'être le détenteur d'une «sur-dignité».

La fin du XX° siècle et de début du XXI° siècle ont ainsi vu des demandes nombreuses d'individus et de groupes sociaux pour une reconnaissance et une égalité vis-à-vis des gens «normaux» ou de la «majorité» avec les mêmes droits mais aussi le même respect de la dignité. Cependant, dans nombre de cas, cette demande légitime s'est petit à petit transformée dans toute la société d'avoir plus que les autres (plus de reconnaissance pour effacer les stigmates de la non-reconnaissance du passé, plus d'égalité et de «droits à» pour compenser la marginalisation vécue) à la fois par les mêmes groupes et individus mais aussi, par un effet boomerang, ceux qui ont mal vécu (se présentant comme des victimes d'une marginalisation de la «normalité») que l'on accorde des droits (voire des sur-droits) et les mêmes considérations (voire des sur-considérations) à ce qu'ils considèrent comme des marginaux, des élites ou des groupes de pression illégitimes.

S'il est bien évident que chacun doit trouver la reconnaissance vis-à-vis de l'autre et de la communauté pour se réaliser pleinement, pour avoir sa place dans la société et en faire entièrement partie, la dérive de demandes toujours plus importantes et de plus en plus injustifiées va de pair avec la destruction voulue des limites imposées par le vivre bien ensemble que met en œuvre l'autonomisation égocentrique assistée irresponsable irrespectueuse.

Dans son ouvrage «Identité», Francis Fukuyama parle de cette volonté d'«isotimée», c'est-à-dire de désir d'être reconnu comme égal par les autres. Ce terme vient du concept «thymos» ou «thumos» (timée en français) dont parle Homère et que Platon définit comme le besoin affectif de chaque humain d'être reconnu par les autres humains et méritant donc le respect. Il s'agit selon le philosophe grec d'une des trois motivations des humains. Mais cette demande d'égalité dans la reconnaissance dérive de plus en plus dans ce second millénaire vers une «mégalotimée», une demande de reconnaissance supérieure aux autres, que connait notre époque (4).

Notes de ce chapitre:

1. «D'abord la conscience de soi est être-pour-soi simple égal à soi-même excluant de soi tout ce qui est autre (…) Mais l'autre est aussi une conscience de soi. Un individu surgit face à face avec un autre individu. Surgissant ainsi immédiatement, ils sont l'un pour l'autre à la manière des objets quelconques; ils sont des figures indépendantes et parce que l'objet étant s'est ici déterminé comme vie, ils sont des consciences enfoncées dans l'être de la vie, des

consciences qui n'ont pas encore accompli l'une pour l'autre le mouvement de l'abstraction absolue, mouvement qui consiste à extirper hors de soi tout être immédiat, et à être seulement le pur être négatif de la conscience égale-à-soi-même. En d'autres termes ces consciences ne se sont pas encore présentées réciproquement chacune comme pur être-pour-soi, c'est-à-dire comme conscience de soi. Chacune est bien certaine de soi-même, mais non de l'autre; et ainsi sa propre certitude de soi n'a encore aucune vérité; car sa vérité consisterait seulement en ce que son propre être-pour-soi se serait présenté à elle comme objet indépendant, ou ce qui est la même chose, en ce que l'objet se serait présenté comme cette pure certitude de soi-même. Mais selon le concept de la reconnaissance, cela n'est possible que si l'autre objet accomplit en soi-même pour le premier, comme le premier pour l'autre, cette pure abstraction de l'être-pour-soi, chacun l'accomplissant par sa propre opération et à nouveau par l'opération de l'autre.

Se présenter soi-même comme pure abstraction de la conscience de soi consiste à se montrer comme pure négation de sa manière d'être objective, ou consiste à montrer qu'on n'est attaché à aucun être- là déterminé, pas plus qu'à la singularité universelle de l'être-là en général, à montrer qu'on n'est pas attaché à la vie. Cette présentation est la double opération: opération de l'autre et opération par soi-même. En tant qu'elle est opération de l'autre, chacun tend à la mort de l'autre. Mais en cela est aussi présente la seconde opération, l'opération sur soi et par soi; car la première opération implique le risque de sa propre vie. Le comportement des deux consciences de soi est donc déterminé de telle sorte qu'elles se prouvent elles-mêmes et l'une à l'autre au moyen de la lutte pour la vie et la mort"
(La phénoménologie de l'esprit, Friedrich Hegel, 1807)

2. Hegel estime que l'Histoire est largement une lutte de l'individu ou d'un groupe pour acquérir la reconnaissance et, selon lui, la réponse à cette demande est une recon-

naissance universelle dans laquelle la dignité de chacun est reconnue.

Il distingue trois domaines de la reconnaissance: celui du soin et de l'amour à l'individu; celui des droits par l'attribution et le respect des droits de l'individu; celui de la sphère étatique par la reconnaissance des capacités de l'individu par la société.

3. Pour Honneth, la reconnaissance est issue «des pratiques ou des conceptions par lesquelles des sujets individuels ou des groupes sociaux se voient confirmés dans certaines de leurs qualités».

Dans ce cadre il parle, comme Hegel dont il s'est largement inspiré, de trois sortes de reconnaissance: l'«amoureuse» (besoins physiques et psychiques fondamentaux avec les proches) qui permet la «confiance en soi»; la «juridique» (la garantie des droits fondamentaux entre les individus) qui permet le «respect de soi»; La «culturelle» (l'apport d'une contribution sociale à la société) qui permet l'«estime de soi».

4. «Les identités politiques contemporaines sont engendrées par le recherche d'une égale reconnaissance de groupes qui ont été marginalisés par leurs sociétés. Mais ce désir pour une égale reconnaissance peut facilement déraper dans une demande d'une reconnaissance supérieure du groupe. C'est une grande partie de l'histoire du nationalisme et de l'identité nationale, de même que certaines formes actuelles d'extrémisme religieux.

Un plus large problème avec l'isotimée est que certaines activités humaines apporteront inévitablement un plus grand respect que d'autres. Le dénier, c'est dénier la possibilité de l'excellence humaine. Je ne sais pas jouer du piano et je ne peux prétendre que je suis l'égal de Glenn Gould ou d'Arthur Rubinstein, de ce point de vue. Aucune communauté sera dans l'erreur quand elle rend un plus grand hommage au soldat ou au policier qui risque sa vie pour le bien commun que le lâche qui fuit au premier signe du danger ou, pire encore, trahit la communauté. L'égale

reconnaissance de la valeur de chacun signifie une défaillance dans la reconnaissance de la valeur de gens qui est en réalité supérieure dans certains domaines.
L'isotimée demande que nous reconnaissions une reconnaissance de base égale à tous nos congénères humains.» (Identité, Francis Fukuyama, Farrar, Strauss & Giroux, 2018)

Chapitre IX

L'inquiétante émergence
d'une médiacratie médiocratique,
démagogique populiste consumériste

L'autonomisation débridée de l'individu peut aboutir à une médiacratie médiocratique, démagogique populiste consumériste.

- **Médiacratie**: Les sociétés ont toujours été des espaces du paraître, de l'affichage, du superficiel et de l'ignorance. En revanche, elles sont devenues, en plus, au XX° siècle des sociétés de l'information, du spectacle et de l'exhibition, sortes de médiapolis extraverties. La survenance d'une surinformation de la population avec des médias audiovisuels qui l'abreuvent d'informations 24 heures sur 24 en continu les transforment en des médiacraties car cette information est souvent délivrée en vrac, sans hiérarchie, mettant sur le même plan une information citoyenne (celle qui sert à faire de l'individu une personne responsable) et une information anecdotique, pire, mélangeant l'information et le divertissement, faisant d'un non-événement un super-évènement, consacrant des inconnus comme vedettes, faisant et défaisant les réputations et permettant à ceux qui se montrent sur les écrans de télévision, d'ordinateurs ou de téléphones portables d'acquérir une notoriété souvent indue, parfois passagère, parfois qui dure et parfois dangereuse. In fine, la médiacratie aboutit à la désinformation et à la déculturation du citoyen. (1)

- **Médiocratique**: Aristote estimait que le meilleur comportement politique était celui de la «médiocrité», c'est-à-dire, au sens littéral, celui médian, dans la moyenne, du milieu, du «juste milieu» comme il l'appelait, celui qui permettait une harmonie sociale dans le consensus et la paix. Il ne pensait certainement pas au sens moderne et usuel de médiocrité – qui concerne l'insuffisance et le manque de qualité de quelqu'un ou quelque chose qui se trouve en-dessous de la moyenne qui manque d'élévation, d'aptitudes, de talents et de capacités. La médiocrité dont je parle n'est donc pas celle mise en avant par Aristote pour décrire un bienfait du juste milieu qu'il recommandait dans la gestion des sociétés humaines mais ce nivellement par le bas, ce manque d'ambition d'une société, d'une volonté de tout uniformiser notamment par un égalitarisme mais aussi d'empêcher la méritocratie de fonctionner et de promouvoir les capacités, les mérites, les entreprises humaines en se fixant des objectifs d'émancipation de l'individu et non de lui offrir «du pain et des jeux», voire la possibilité d'une richesse matérielle (pour quelques uns) pour sa tranquillité sociale. (2)

- **Démagogique**: Promettre tout et n'importe quoi, s'en prendre à des boucs émissaires, contenter la populace, aller dans le sens du peuple et le flatter. La démagogie cache la réalité et aboutit, in fine, à affaiblir les sociétés qui vivent dans une fantasmagorie qui peut les détruire totalement.

- **Populiste**: Critiquer la démocratie républicaine et de ses élites en excitant les bas instincts de la multitude. Affirmer que cette démocratie républicaine n'est qu'un système pourri dès le départ, générant la chienlit, la corruption et le désordre des «élites», et qu'il faut y mettre de l'ordre coûte que coûte en s'attaquant en priorité au personnel politique, aux institutions et en contestant les résultats des élections lorsqu'elles ne vous sont pas favorables. (3)

- **Consumériste**: Ce phénomène consumériste est beaucoup plus récent. Il considère la démocratie comme un vaste hypermarché où l'on peut faire ses courses en choisissant les biens et les services dont on a envie sans se préoccuper de ce que cela signifie pour les autres, que se soit au niveau de l'individu ou de la collectivité, l'idée étant que l'on a le «droit à». Faire des citoyens de simples consommateurs en tout et n'importe quoi, de la politique à la nourriture en passant par les loisirs dans une logique hédoniste, égoïste et dans la satisfaction immédiate est devenu un objectif des politiques. Cela permet de promouvoir l'intérêt matériel au-dessus de tout afin de cantonner les individus à consommer dans le superficiel pour ne surtout pas développer leur sens critique et leurs capacités de réflexion. C'est faire croire que tout n'est que produits à consommer pour une jouissance hédoniste et égocentrique. (4)

La médiacratie médiocratique démagogique populiste consumériste tire vers le bas le projet démocratique, surtout le pervertit et, à terme, le remplace et empêche dans le même temps l'émergence de la nouvelle démocratie républicaine. Si la démagogie, le populisme et la médiocrité alliés à la médiatisation outrancière et irresponsable de la société ne sont pas des phénomènes nouveaux, ils prennent une importance en ce début de XXI° siècle où la démocratie républicaine devient un lieu sinistré où les désirs et la toute-puissance de l'individu autonomisé égocentrique assisté irresponsable insatisfait irrespectueux veulent s'imposer au nom d'une conception libertario-hédoniste et atomisée de la liberté – qui n'est alors que la licence – et, surtout, de l'égalité – qui n'est alors que de l'égalitarisme – ainsi que le relativisme qui va mettre des revendications humanistes et criminelles sur le même plan au nom du respect des cultures et des différences des peuples. Grâce à ce maelström qui devient immaitrisable, des personnages loufoques ou dangereux ainsi que des criminels peuvent s'imposer ou imposer leurs actes à la société mondiale.

La médiacratie médiocratique démagogique populiste consumériste est le système politique qui est issu de la montée de l'autonomisation égocentrique assistée irresponsable insatisfaite irrespectueuse de l'individu et qui va l'accentuer. Il s'agit d'un travers et d'une déviation grave de la démocratie républicaine qui est elle-même un système qui se base sur le peuple, sur les classes moyennes et dont l'objectif est de rendre la vie meilleure avec une transmission du savoir et de l'information qui permettent à l'individu de devenir une personne responsable.

Notes de ce chapitre:

1. Nos sociétés sont chacune constituée d'une myriade de groupements de consommateurs revendicatifs et insatisfaits dont les demandes cumulées excèdent les capacités de la société à les prendre en compte, la menaçant ainsi de destruction.

2. Il ne faut pas que la démocratie tourne à la médiocratie, ni qu'elle tourne à l'«élitocratie», ce qui serait tout autant problématique. Pour cela il faut faire un effort de formation et d'information du citoyen, toujours et tout le temps, une sorte de formation continue de sa naissance à sa mort.

3. Le populisme ne donne pas satisfaction et n'excite pas les bas instincts du peuple mais d'une multitude au sens où Hobbes la définissait, celle «qui ne garde point d'ordre, qui est comme un hydre à cent têtes», élément de déstabilisation de la démocratie représentative, même s'il arrive parfois que celle-ci se confonde avec le peuple constitué.

4. Nous sommes désormais dans une société de l'information, du spectacle et du divertissement. Cette société de l'information, cette médiapolis, pourrait être une société de l'émancipation de l'individu mais elle s'est muée en médiacratie qui est une perversion de cette médiapolis dans le sens où l'information devient sous-information et qu'au lieu de bien informé, le citoyen devient mal et sous-informé. D'autant plus que l'information délivrée est souvent fausse, erronée ou futile et superficielle, les médiateurs (journalistes) n'ayant plus le temps de vérifier correctement celle-ci ni d'aller au fond de celles qui mériteraient d'être développées. De plus, elle n'est pas hiérarchisée. On aboutit alors à de la désinformation et à de la déculturation et non à informer et cultiver le citoyen correctement.
Le nouvel individu est un défi, à la fois, une chance et un risque pour faire progresser la société. Un défi parce qu'il doit être correctement informé pour prendre les bonnes décisions. Il faut un système de transmission du savoir efficace pour que cet individu, au lieu d'être un danger pour la cohésion sociale, en soit la chance.

Chapitre X

La solution: un individu plus libre, plus responsable et plus respectueux

La solution n'est pas un retour en arrière vers une vision uniquement holistique de la vie comme cela est prôné par certains. Il faut prendre en compte la réalité de la situation présente avec des demandes extravagantes de l'individu afin de les remettre dans le cadre d'un lien social renouvelé qui réaffirme les valeurs du vivre bien ensemble, par la liberté et le respect, par la solidarité et la tolérance qui ne peuvent fonctionner et être mises en pratique que par un individu responsable. Car l'autonomisation égocentrique assistée irresponsable irrespectueuse de l'individu est bien le comportement d'un individu irresponsable, à la fois, dans sa posture, ses demandes, ses actes et son refus d'assumer ses obligations en tant que membre de l'espèce humaine et membre d'une communauté.

L'individu libre responsable et respectueux est la seule bonne réponse à l'autonomisation égocentrique assistée irresponsable insatisfaite irrespectueuse. Pour commencer, il faut remettre du sens dans les mots liberté, responsabilité et respect ainsi que dans ceux de solidarité et de tolérance. A la fois pour redonner un sens civique aux actes de l'individu mais également pour continuer la libération de cet individu de son addiction à cette condition d'immaturité et de demande d'assistanat. L'autonomisation égocentrique assistée irresponsable insatisfaite irrespectueuse de l'individu, en effet, enferme plus qu'elle ne libère, abaisse l'individu plus qu'elle ne l'élève. Ce dernier ne perçoit plus alors l'essentiel de la vie et de sa propre existence au profit de demandes de plus en plus extravagantes de jouissances superficielles et d'assistanat refuge où l'initiative disparaît faisant place au renfermement sur soi dans un monde remplit jusqu'à plus soif d'objets matériels qui se substituent à sa véritable essence – être au lieu d'avoir – et aux relations avec l'autre et avec la réalité de la vie.

La montée de l'autonomisation égocentrique assistée irresponsable insatisfaite irrespectueuse de l'individu est due à un mélange d'extension de la liberté, de la sécurité et du bien-être matériel apporté par la démocratie et le capitalisme. Mais, in fine, elle enferme l'individu dans un univers narcissique et matériel où son addiction grignote sa liberté. Et les chaînes qui l'entravent sont d'autant plus solides qu'elles ont été mises en place par l'individu lui-même…

Dès lors, on peut faire un double constat durable et contradictoire. Premièrement, la cohésion sociale est en train de se déliter face à la montée continue et qui semble inexorable de l'autonomisation égocentrique assistée irresponsable insatisfaite irrespectueuse de l'individu. Ce phénomène est analysé dans de nombreux écrits de spécialistes des comportements individuels. Deuxièmement, cet individu qui est en train d'acquérir cette autonomie, est également en train, comme nous l'avons vu plus haut, de se métisser culturellement, de se mondialiser médiatiquement et de se connecter mondialement. Ce qui lui apporte une plus grande différenciation dans une société mondiale où de nouveaux liens et réseaux se nouent entre lui et ses semblables. (1)

Toute la résolution de ce constat qui permettrait qu'une dynamique positive de ces contradictions aboutisse à la création d'un nouveau lien social renforcé tout en approfondissant la différenciation et donc une plus grande liberté de l'individu, base de la nouvelle démocratie républicaine, tient dans l'idée que son désir d'assistanat, sa recherche d'irresponsabilité, son comportement irrespectueux et sa demande insatisfaite de «toujours plus» trouvent à se sublimer dans ces nouveaux liens et ces nouveaux réseaux, en créant de nouvelles solidarités, de nouvelles tolérances et l'application d'un vrai respect aboutissant à une cohésion sociale planétaire où les qualités affectives et morales de l'être humain décrites par les scientifiques puissent s'épanouir réellement pour le bénéfice de tous.

La différenciation individuelle qui se compose et se nourrit de l'autonomisation, du métissage culturel et de la mondialisation médiatique est la nouvelle condition humaine qui va continuer de s'étendre à travers le monde et de façonner chacun de nous dans les décennies à venir. On assiste donc à l'émergence d'un individu-monde. Je prétends que le nouvel individu qui en résulte déjà est une chance pour le futur de l'humanité même s'il peut en être un risque (2). Si ce nouvel individu tourne mal, si son autonomisation égocentrique assistée irresponsable insatisfaite irrespectueuse grandit, alors il détruira le système démocratique et les liens sociaux existants (3). Cette différenciation-séparation qu'est cette autonomisation néfaste est un dévoiement de l'humanisme qui place l'être humain au centre de tout dans la société. C'est contre ce dévoiement que tous les humanistes, s'il en est, doivent lutter. Au contraire, s'il tourne bien, si sa personnalisation empathique s'exprime pleinement, alors il renforcera le système démocratique en développant et en régénérant des réseaux autour des notions de responsabilité, de juste équilibre et de respect avec ses nouvelles capacités et ses nouvelles libertés, les unes permettant l'effectivité des secondes pour le bien de lui-même et de la collectivité. Il sera donc la pierre angulaire de la nouvelle démocratie républicaine. (4)

Cette évolution de l'individu est, d'une certaine manière, une victoire de la démocratie et de la liberté. Cependant, elle recèle, dans ses déviations, des dangers qui doivent être pris en compte et solutionnés afin d'éviter que cette victoire soit une victoire à la Pyrrhus. In fine, on peut dire que le nouvel individu est à la fois une chance et un risque pour le futur de la démocratie républicaine libérale. Ses demandes peuvent permettre d'approfondir et de perfectionner le système comme elles peuvent le déliter, ouvrir la voie au désordre ou à l'autoritarisme.

Notes de ce chapitre:

1. L'individu n'est pas et n'a jamais été dépourvu d'empathie, d'affectif, de solidarité, de responsabilité et de respect pour ses semblables. Si l'on note la montée de son autonomisation, de son égocentrisme, de son désir d'assistanat et de sa revendication, consciente et inconsciente, à l'irresponsabilité ainsi que le développement de son comportement irrespectueux ces tendances ne signi-

fient nullement que l'individu n'est que ça, ni même qu'il est ça avant tout.

2. La médiatisation mondialisée ouvre le monde et permet de connaître l'autre. Le métissage culturel permet de connaître l'autre et d'apprécier sa culture individuelle et collective. Tout cela produit du respect de l'autre par un rapprochement des uns envers les autres qui, dès lors, ne sont plus des inconnus inquiétants.

Néanmoins, le métissage et le mondialisme recèlent des dangers, et pour l'individu et pour la communauté à laquelle il appartient, non pas tant dans les cultures et les informations que dans leur utilisation et leur assimilation par l'individu. Cet afflux de références culturelles et d'informations peut créer de la confusion notamment dans l'incapacité de les assimiler ou de les comprendre (en particulier les flux d'informations en continu).

Mais ce sont surtout les comportements qui vont avec cette évolution de son autonomisation qui recèlent les vrais dangers: l'égocentrisme, l'irrespect, l'insatisfaction, l'irresponsabilité. Se croyant seul au monde mais dans un monde tout entier à son service, l'individu met à mal la vie en commun qui est pourtant essentielle à son existence et à son bien être mais aussi à sa capacité à devenir de plus en plus libre, de plus en plus différent et unique.

3. L'individu culturellement métissé peut-être le fossoyeur de la démocratie comme il peut être une chance pour celle-ci. En revanche, l'autonomisation égocentrique assistée irresponsable, si elle continue à se développer sans projet communautaire pour la canaliser et lui donner un sens collectif nécessaire à l'évolution positive des sociétés peut aboutir à un désordre sociétal d'un côté et de l'autre à l'instauration d'un régime autoritaire. Dans un cas comme dans l'autre, l'individu tourné uniquement vers lui-même se satisfait d'une absence de lien social et/ou de la présence d'une autorité politique liberticide socialement qui lui permette de vivre sans entraves son existence autour de lui-même.

4. Ce n'est qu'en mariant les qualités de l'être de toujours (empathie, partage, amour) et les caractéristiques de l'individu d'aujourd'hui que l'on fera éclore le nouvel individu de demain qui sera fait d'empathie, de respect, de solidarité, de tolérance, de responsabilité d'autonomie, de capacités créatrices et d'innovation, de sagesse, de demande de considération, capable de prendre sa vie en main pour faire de son existence un projet personnel compatible avec tous les autres de tous les individus.

Chapitre XI

Le nouvel individu, chance
de la nouvelle démocratie républicaine

Loin d'être un danger mortel le nouvel individu que porte la nouvelle démocratie républicaine, c'est-à-dire l'individu-monde culturellement métissé et médiatiquement mondialisé et mondialement connecté, peut être une formidable chance pour lui-même et la société. A condition qu'il soit également, dans le cadre d'une démocratie républicaine représentative, régime humaniste et progressiste par excellence du XXI° siècle, une personne libre, responsable, éclairée et respectueuse.

La montée de son autonomisation, de son égocentrisme, de son désir d'assistanat et de sa revendication, consciente et inconsciente, à l'irresponsabilité, sont évidemment un danger pour la démocratie. Heureusement, l'individu n'est pas et n'a jamais été dépourvu d'empathie, d'affectif, de solidarité, de responsabilité et de respect pour ses semblables. Ce n'est qu'en mariant les qualités de l'être de toujours (empathie, partage, amour) et les caractéristiques de l'individu d'aujourd'hui que l'on fera éclore l'individu-monde culturellement métissé et médiatiquement mondialisé de demain qui agira avec empathie, respect, solidarité, tolérance, responsabilité, qui fera preuve d'autonomie, de capacités créatrices et d'innovation, de sagesse et qui sera capable de prendre sa vie en main pour faire de son existence un projet personnel compatible avec les projets de tous les autres individus.

Comme Emmanuel Kant l'observait avec justesse, c'est l' «antagonisme» de «l'insociable sociabilité» (1) des humains, «c'est-à-dire leur inclination à entrer en société, inclination qui est cependant doublée d'une répulsion générale à le faire, menaçant constamment de désagréger cette société» qui peut faire progresser ceux-ci et celle-ci vers un avenir meilleur.

D'autant que Friedrich Hegel ajoute que l'individu ne peut être une personne que s'il est relation avec elle (2). Son «Le Je que nous sommes, le Nous que je suis» signifie qu'il ne peut se réaliser complètement pour son propre intérêt que s'il noue des relations avec l'autre et les autres, que s'il se reconnait en les autres comme il reconnait les autres en lui-même. Et cette obligation de l'autre n'en est pas une lorsque l'on sait que l'humain est un être doué d'empathie et d'envie de collaborer avec l'autre, tout autant que cela est une nécessité.

Une société mondiale humaniste face au défi libertario-hédoniste

La réponse frileuse à l'autonomisation égocentrique assistée irresponsable insatisfaite irrespectueuse de l'individu est de prétendre que rien de bon ne peut sortir de cette évolution libertaire et hédoniste des aspirations individuelles d'autant qu'elles s'accompagnent de demandes abusives, aberrantes et contradictoires. Cependant, il y existe une réponse positive à ce défi énorme de dilution du lien social que l'approfondissement de l'autonomie individuelle pose à la communauté.

Celle-ci consiste à s'appuyer sur l'individu-monde culturellement métissé, médiatiquement mondialisé et mondialement connecté, à la fois permanence et changement, sur ses nombreuses qualités, tout en corrigeant au mieux ses défauts (en les sublimant en qualités, par exemple en s'en servant à des fins et pour des buts positifs individuels et collectifs) afin de construire la société de liberté dans l'égalité qui était contenu dans les espoirs nés des révolutions libérales britanniques, américaines et françaises, tout ceci devant aboutir à une démocratie respectueuse.

Car le respect de la dignité humaine est devenu, aujourd'hui, un élément essentiel pour pérenniser l'existence des sociétés démocratiques et permettre leur approfondissement face à leur individualisation inévitable. Si le respect ne devient pas cet élément central du lien qui unit les individus, la démocratie risque de se déliter d'elle-même au fur et à mesure de l'approfondissement de l'autonomie de chacun de nous et de la montée en puissance de l'anomie. Alors, un retour à des régimes autoritaires ou oligarchiques ne serait pas impossible. Un retour qui pourrait prendre deux formes. Une forme passéiste avec une dictature plus ou moins dure sur le mode monarchique ou théocratique. Une forme plus «moderne» où se confronteront un nombre égal de demandes individuelles égocentriques et hédonistes qu'il y aura d'individus et qui pourront, si elles sont contentées, se passer de la liberté politique. Nous assisterions alors à la victoire du consommateur sur le citoyen en quelque sorte, une victoire de la société du marketing sur la société de l'échange et du partage.

Aucune de ces deux solutions n'est évidemment souhaitable car elle représenterait l'appauvrissement des liens entre tous les individus, réduisant ce qui nous unit à un simple intérêt de profiter de la communauté et non d'en bâtir une harmonieuse et d'y trouver notre place.

Alors, oui, l'individu du XXI° siècle non-averti, incapable de comprendre les enjeux, trompé sur ce qu'il est et ce qu'il peut être, peut devenir un nombriliste radical qui sera le prédateur de la démocratie républicaine. Mais, non, s'il prend conscience des formidables potentialités qu'il possède et qu'il peut le mieux exprimer dans ce régime et pas dans un autre, il peut, de potentiel prédateur, devenir celui qui permettra un approfondissement de ce régime qu'il renouvèlera pour le mieux et le bien. Reste que la réponse lui appartient et qu'elle est, à l'heure actuelle, largement une inconnue.

Pour cela, il doit «refuser d'être Dieu» (3) comme le disait Albert Camus et il se doit de fonder cette «relation éthique» de «l'humanisme de l'autre» (4) prônée par Emmanuel Levinas en se rappelant cette sentence de Jean-Paul Sartre, «tout homme est liberté» car «un homme ne peut pas être plus homme que les autres, parce que la liberté est semblablement infinie en chacun» (5).

Notes de ce chapitre:

1. «Le moyen dont la nature se sert pour mener à bien le développement de toutes ses dispositions est leur antago-

nisme au sein de la Société, pour autant que celui-ci est cependant en fin de compte la cause d'un ordonnance régulière de cette Société. J'entends ici pas antagonisme l'insociable sociabilité des hommes, c'est-à-dire leur inclinaison à entrer en société, inclinaison qui est cependant doublée d'une répulsion générale à le faire, menaçant constamment de désagréger cette société. L'homme a un penchant à s'associer, car dans un tel état, il se sent plus qu'un homme par le développement de ses dispositions naturelles. Mais il manifeste aussi une grande propension à se détacher (s'isoler), car il trouve en même temps en lui le caractère d'insociabilité qui le pousse à vouloir tout diriger dans son sens; et, de ce fait, il s'attend à rencontrer des résistances de tous côtés, de même qu'il se sait par lui-même enclin à résister aux autres.»
(Opuscules sur l'histoire, Emmanuel Kant, Flammarion)

2. «La personne concrète, qui est un but à soi-même en tant que personne particulière, à savoir un ensemble de besoins, et un mélange de nécessité naturelle et de volonté de choix, est l'unique principe de la société civile bourgeoise. Mais la personne particulière est, par essence, en relation avec une autre personne particulière semblable à elle, de telle sorte que chacune ne se satisfait et ne constitue sa valeur que par l'autre, et en même temps seulement par la médiation de la forme de l''universalité, qui est le second principe.
(…) Le but égoïste en sa réalisation, ainsi conditionné par l'universalité, fonde un système de la dépendance dans tous les côtés, si bien que la subsistance et le bien-être de l'être particulier et son existence juridique sont intimement rattachés à la subsistance, au bien-être et au droit de tous, sont fondés sur eux et ne sont assurés et effectifs que dans cette connexion.
(…) En tant que citoyens de l'Etat, les individus sont des personnes privées qui ont pour but leur intérêt propre. Puisque ce but est médiatisé par l'Universel, qui leur apparaît ainsi comme un moyen, il ne peut être à leur portée que dans le mesure où ils déterminent eux-mêmes d'une façon

universelle leur savoir, leur vouloir et leurs actes et deviennent un maillon de la chaîne de cette connexion.
(Principes de la philosophie du droit, Friedrich Hegel, Flammarion)

3. L'Homme révolté, Albert Camus, Gallimard, 1951

4. L'Humanisme de l'autre, Emmanuel Levinas, Fata Morgana, 192

5. La Liberté cartésienne, Jean-Paul Sartre, in Situations, 1947

La démocratie du respect

Propos sur la reconnaissance
de la dignité de l'humain

Respect!

Noir, blanc, jaune, rouge, marron, peu m'importe la couleur.

Grand, petit, gros, maigre, peu m'importe l'aspect.

Blond, brun, roux, chauve, peu m'importe la chevelure.

Chrétien, musulman, bouddhiste, athée, peu m'importe la croyance.

De gauche, de droite, du centre, d'ailleurs, peu m'importe l'appartenance partisane.

Ouvrier, paysan, avocat, footballeur, peu m'importe le métier.

Chic, décontracté, sportif, négligé, peu m'importe l'apparence.

Végétarien, amateur de viande, peu m'importe les choix de vie.

Riche ou pauvre, peu m'importe la fortune.

La seule chose qui m'importe, c'est le respect.
Le respect de ta dignité, le respect de ma dignité.
Si tu me respectes, je te respecte.
Si je te respecte, tu me respectes.
Si je te respecte, je respecte ta couleur, ton aspect, ta chevelure, ta croyance, ton appartenance partisane, ton métier, ton apparence, ta fortune.
Et toi tu fais de même avec moi.

Voilà pourquoi le respect est la pierre angulaire d'une société démocratique et d'un régime républicain. Voilà pourquoi le respect est au cœur du lien social façonné par le juste équilibre. Voilà pourquoi le respect est une vertu essentielle pour construire ce vivre ensemble constitué de liberté, de solidarité et de tolérance. Voilà pourquoi le respect est l'ingrédient premier de l'humanisme. Mais faire en sorte de vivre dans un monde respectueux est une des tâches les plus ardues, un des challenges les plus difficiles à relever. Mais saluer la dignité humaine et l'individualité de chacun en les honorant n'est pas acte aisé.

Car il ne suffit pas de demander le respect pour soi et sa dignité, pour sa différence et ses croyances, pour son mode de vie et ses choix personnels. Encore faut-il respecter ceux des autres. Aujourd'hui, la demande de respect est énorme ainsi que la dénonciation de l'irrespect. Malheureusement, elle est liée à une intolérance de l'autre, de ses croyances, de son mode de vie et de ses choix personnels. Je veux que l'on me respecte sans respecter l'autre est en quelque sorte la revendication de cette société qui voit naître cette si dangereuse autonomisation égocentrique assistée irresponsable insatisfaite et irrespectueuse des individus, vice mortifère de l'individualisme responsable.

Soyons clairs, le respect entre deux personnes c'est le respect de leurs libertés respectives. Or cela ne peut exister que dans une démocratie républicaine ce qui limite déjà les régions de notre planète où le respect peut être effectif. Pour autant, cela n'est pas suffisant, on le voit bien avec les ostracismes multiples et variés que les populations de ces pays démocratiques (et évidemment encore plus dans les pays où la liberté est bridée) rencontrent dans leurs quotidiens de part l'intransigeance, l'étroitesse d'esprit, voire le sectarisme et l'obscurantisme parfois accompagnés d'une violence inadmissible.

Prenons un exemple concret. Si tu as un mode de vie qui n'est pas le mien, je le respecte mais tu dois respecter mon mode de vie en retour, si bien sûr nos modes de vie n'enfreignent pas la loi et les valeurs d'une démocratie républicaine. Surtout, tu n'as pas le droit d'imposer ton mode de vie à qui que ce soit, à des étrangers ou à tes enfants, comme moi, je n'ai pas le droit de le faire. C'est ça le respect. C'est cela mettre la dignité de chaque personne au sommet de l'humanisme. Et c'est pourquoi ce n'est pas un simple slogan mais un comportement si essentiel pour une société.

Et les événements dramatiques qui se déroulent sans cesse partout, nous montrent jusqu'où l'absence de respect pour l'autre peut aller. Mais c'est aussi cette montée si inquiétante de tous les populismes démagogiques qui viennent montrer du doigt l'autre, les autres, ceux qui ne pensent pas ou ne vivent pas comme il faut comme les responsables de tous les malheurs, comme les empêcheurs d'un avenir radieux. C'est également ce communautarisme qui crée de vastes territoires d'interdits pour ceux qui sont pris dans sa nasse et de rejets pour ceux de l'extérieur. Et l'on pourrait malheureusement multiplier les exemples, des groupes d'intérêts particuliers qui tentent d'imposer leurs points de vue et leurs revendications extrêmes jusqu'au politiquement correct qui fut inventé pour respecter l'autre mais qui est de plus en plus utiliser par des organisations radicales et intolérantes pour le stigmatiser.

Alors, oui, respect mais que le chemin semble long pour y arriver.

Le philosophe allemand Emmanuel Kant affirme que le premier impératif de l'être humain est «Agis de telle façon que tu traites l'humanité, aussi bien dans ta personne que dans celle d'autrui, toujours en même temps comme une fin, et jamais simplement comme un moyen» (1).

C'est le respect dû à autrui.

Pour le philosophe français Emmanuel Levinas, «Tout commence sans conteste dans le respect de l'homme et dans la lutte pour sa libération, pour son autonomie, pour la loi qu'il se donne à lui-même, pour 'la liberté gravée sur les Tables de pierre', comme le veulent nos docteurs de la Loi». (2). Son compatriote, Paul Ricœur, voyait également dans le respect dû à autrui, une reconnaissance de l'autre, un fondement de l'éthique mais estimait qu'il fallait trouver un juste milieu entre le moi et l'autre.

Cependant, malgré ces citations, ces quelques propos ne sont pas philosophiques mais avant tout politiques dans le sens où ils sont là afin d'affirmer qu'une société ne sera jamais vraiment démocratique et vraiment équilibrée si le respect de la dignité de chaque humain – donc de son individualité, de sa différence ontologique et irréductible – ne devient pas la vertu principale de son fonctionnement parce qu'elle est la seule qui peut donner au lien social sa totale légitimité, qui peut apporter le liant essentiel pour fonder l'humanisme indispensable au vivre ensemble de toute société équilibrée et, en même temps, permettre à chacun d'être ce qu'il est, de travailler librement à devenir ce qu'il veut être et de réaliser son projet de vie.

Ces citations veulent rappeler que le respect est bien une notion fondamentale de l'existence humaine notamment dans dimension sociale. Car, ici on poursuit plutôt l'objectif du penseur et homme politique français, Frédéric Passy (1822-1912). Première personne à avoir jamais reçu le Prix Nobel de la paix (conjointement avec le Suisse Henri Dunant, fondateur de la Croix-Rouge), il disait, lors d'une conférence: «Mais comment la paix pourrait-elle exister, sinon par le respect mutuel encore (…). C'est encore dans le respect mutuel, je dirai plus, dans la bienveillance mutuelle, dans cette amitié qui, suivant une parole d'Edouard Laboulaye [juriste et homme politique français (1811-1883)], est le ciment des sociétés humaines, que nous pouvons trouver les éléments sérieux et durables de la paix sociale. Le respect donc, le respect toujours. Oui, tout se résume dans le respect de la personnalité humaine, fondé sur ce sentiment que la personnalité humaine est sacrée, parce qu'elle n'est pas un accident passager.» (3)

Puis d'ajouter: «Il y a, au-dessus de; ces sociétés particulières qui s'appellent des nations, une société supérieure qui s'appelle le genre humain, dans laquelle le respect mutuel, la justice, la bienveillance ne sont pas moins nécessaires que dans chacune de ses parties.». Et il faisait une mise en garde qui parait si contemporaine:
«Que voulez-vous que devienne une société dans laquelle dès l'enfance, dès la jeunesse, on s'est habitué à ne plus penser qu'à ses droits, ou du moins à ce qu'on appelle ses droits, c'est-à-dire à ses intérêts et ses fantaisies, sans se préoccuper des droits et des intérêts des autres, des égards qui sont dus aux autres?»

Notes de ce chapitre:

1. Chez Kant, le respect est un sentiment moral c'est-à-dire qu'il est ce que tout homme doit éprouver face à la loi morale.

2. Difficile Liberté, Emmanuel Levinas, Editions Albin Michel, 1994

3. Citation extraite d'une conférence de Frédéric Passy, «Le respect», donnée en 1895 à la Ligue contre l'athéisme.

II

Notre ressemblance fonde et justifie l'égalité. Notre différence légitime la liberté. Bien sûr, il doit y avoir un équilibre entre cette égalité et cette liberté. L'égalité ne peut dominer la liberté – même si elle est aussi un fondement d'une liberté égale pour tous – qui, elle-même, ne peut détruire l'égalité. Mais le couple égalité-liberté doit également s'appuyer sur des vertus morales fortes au premier rang desquelles on trouve le respect de la dignité humaine (1) afin que l'autonomisation de l'individu qui résulte en partie de la pratique de l'égalité et de la liberté dans une démocratie républicaine représentative mais aussi des comportements liés au progrès économique et technologique ainsi qu'un recul de la pauvreté – quel que soit le régime politique – ne mine pas la société entière et, in fine, la détruise.

Pourquoi le respect est la condition de la liberté de l'égalité et de la fraternité

Le respect est le rapport essentiel qui doit régir les relations entre les êtres humains et ce, à tous les niveaux. De cette conviction forte, basée sur l'évolution de nos sociétés – démocratiques ou non – mais aussi du monde, découle la place centrale que doit désormais occuper le respect dans toute démocratie républicaine digne de ce nom au moment où celle-ci doit gérer correctement la montée de l'autonomisation de l'individu qui est une des conséquences de l'approfondissement démocratique et de l'émancipation plus large de l'individu vis-à-vis du groupe dans lequel il vit sa vie.

Le respect est ainsi le chaînon manquant pour que notre régime de la démocratie républicaine représentative soit réellement équilibré, c'est-à-dire que s'y établisse enfin un consensus maximal au profit de tous les membres égaux de la communauté, permettant à chaque personne de s'insérer naturellement dans la société et à la société de libérer l'individu grâce à la constitution d'un solide lien social bâti sur une équation vertueuse: liberté dans l'égalité par le respect.

En quoi ce dernier est la vertu fondamentale du vivre bien ensemble, le «liant» (en ce qu'il est celui qui, in fine, solidifie réellement le lien social) d'une société démocratique avancée? Parce que sans respect de soi, de l'autre, de l'autre pour soi, de nous (soi et de l'autre) pour un troisième qui, en retour agit de même envers nous, il ne peut y avoir de vraie société humaniste. Parce que sans respect, les relations entre les membres d'une même communauté, qu'elle soit locale, nationale ou mondiale, se durcissent au fur et à mesure de l'autonomisation grandissante des individus. Parce que sans respect, la société démocratique n'est qu'un espace où chacun poursuit uniquement son intérêt, sa liberté, sa poursuite du bonheur de manière égoïste comme le prédisait dès 1814, Thomas Jefferson.

Plus, les valeurs essentielles de la démocratie, que la devise nationale française caractérise si bien, la liberté, l'égalité et la fraternité, ne peuvent être réellement effectives sans le respect et ce, même avec tout l'arsenal juridique pour les faire exister par des normes contraignantes. De même que les fameuses «vérités» contenues dans la Déclaration d'indépendance des Etats-Unis: «tous les hommes sont créés égaux; ils sont dotés par le Créateur de certains droits inaliénables; parmi ces droits se trouvent la vie, la liberté et la poursuite du bonheur». Et les peuples en sont bien conscients, eux, qui vivent très difficilement la montée de l'irrespect, concrètement et quotidiennement, dans la réalité de leur existence alors que, dans le même temps, la démocratie s'approfondit. Pas étonnant, dès lors, que les

Français, par exemple, estiment, sondages à l'appui, que le respect doit être parmi les comportements les plus importantes, voire le plus important. Pour autant, la société n'est toujours pas respectueuse et nous ne le sommes guère les uns vis-à-vis des autres.

Bien sûr, le respect, comme l'affirment ceux qui en critiquent l'importance et qui doutent que cette vertu puisse organiser une société, est à la fois un concept flou, voire déjà détourné (beaucoup l'utilisent uniquement pour leurs propres intérêts) et trouve difficilement une traduction en matière juridique. Or, en démocratie républicaine, c'est la loi qui garantit nos droits et ceux-ci nous permettent d'être des individus libres. Mais c'est justement son caractère large et transcendant qui en fait «la» vertu du vivre bien ensemble... s'il est utilisé correctement!

Note du chapitre:

1. «Le respect est une vertu. Il est même l'expression par excellence du comportement moral, et pas seulement éthique, celui où l'être humain exerce sur lui-même un contrôle et reconnait une limite infranchissable: que ce soit le visage de l'autre, comme pour Levinas, ou ma propre dignité ou encore la vérité sans laquelle il n'est plus de lien entre les êtres humains. Le respect est retenue, suspension de l'acte insolent ou blasphématoire, violent ou plus subtilement destructeur. Il pose silencieusement cette limite qui

n'est pas purement rationnelle et qui probablement se nourrit du sentiment du sacré. Ainsi se constitue le respect de soi-même, d'un Soi qui n'est ni maître ni esclave, qui se saisit comme être autonome seulement dans les limites de la finitude humaine et qui se sait sujet, et non souverain, de la loi morale. 'L'homme, nous dit Kant, est sans doute assez profane, mais l'humanité dans sa personne doit être sainte pour lui.' Voici de quoi faire cesser la confusion et la prolifération des objets de respect.» (Le Respect – Catherine Audard – Editions Autrement, 1993)

III

Comme l'avaient conceptualisé en leur temps des penseurs comme Alexis de Tocqueville ou James Madison, la progression et la longévité des régimes démocratiques les menacent de l'intérieur. Pour autant, parier sur l'humain et sa capacité à vivre sa liberté de manière responsable est une des convictions les plus fortes des partisans de la démocratie républicaine. De ce point de vue, ils se rattachent à cette longue lignée de philosophes qui de Montaigne (affirmant l'importance de ce que Sénèque appelait «se faire soi-même») en passant par Descartes (affirmant la réalité de l'individu par le «je»), Leibniz (affirmant la différence de chaque individu par le concept de la monade (1), Locke (affirmant que la liberté est constitutive de l'humain dès sa naissance) ou encore Kant (affirmant l'autonomie de l'humain fin en lui-même) et Stirner (affirmant le primat de l'individualité sur la liberté (2)) jusqu'à Mounier (affirmant, en tant qu'adepte du christianisme qui parle d'un Dieu personnel, que l'individu est une personne dans la société, ce qui lui confère des droits et des devoirs) ont, chacun, apporté leur pierre fondamentale à la construction de la vision d'un être humain, individu et personne à la fois, sachant que seul un individu libre et autonome peut devenir une personne à la dignité reconnue.

Mais les partisans de cette démocratie républicaine savent, comme Tocqueville, que l'approfondissement de la démocratie induit un individu plus autonome qui réclame encore plus d'autonomie au détriment de ce lien social indispensable à l'existence de toute communauté pacifiée et solidaire, seule entité qui peut garantir à la personne de vivre le plus pleinement possible son individualité en toute sécurité au prix d'une limitation de sa liberté là où commence celle de l'autre. Ainsi l'approfondissement de la démocratie au XXI° siècle dans les pays où elle est installée depuis des siècles ou des décennies se heurte à l'intérêt égocentrique d'un individu qui revendique de ne plus être bridé dans de multiples domaines au nom de ses droits inaliénables à tout revendiquer tout en minimisant, voire en oubliant, ses devoirs. Cette revendication délite petit à petit le vivre ensemble au profit d'une coexistence pas toujours pacifique où l'on ne vit plus ensemble mais où l'on partage un espace dans une tension perpétuelle. Si l'on souhaite que la personne puisse vivre son individualité dans le plus de liberté possible, il faut absolument que nos démocraties républicaines avancées deviennent des sociétés du respect. (3)

L'importance pour le bon fonctionnement de la démocratie de cette vertu qu'est le respect (4), que l'on peut définir par le fait de prendre en compte la dignité humaine chez soi et chez l'autre en s'imposant un comportement moral et un autocontrôle social par rapport à son éthique existentielle, ainsi que la réalité de son absence ne sont pas nouvelles malgré ce que l'on pourrait croire. Frédéric Passy pouvait déjà constater «qu'il n'y a plus de respect, ni dans la famille, ni dans la société, ni dans cette sphère supérieure qui s'appelle la société des nations». Et d'affirmer que «la liberté, c'est le respect d'autrui. Or sur quoi peut se fonder ce respect de soi-même et des autres, sinon sur le sentiment de quelque chose de supérieur à nous-mêmes, de quelque chose qui dépasse ces réalités passagères et variables, d'un droit qui domine nos intérêts mobiles et incertains et d'une juridiction suprême à laquelle seule, lorsque ce droit dont nous avons la conscience est violé, nous puissions en appeler». «Oui, poursuit-il, tout se résume dans le respect de la personnalité humaine, fondé sur ce sentiment que la personnalité humaine est sacrée, parce qu'elle n'est pas un accident passager.» (5)

Mais il n'est pas le seul à mettre le respect au centre de la relation entre individus. Pierre-Joseph Proudhon écrit que «la Justice implique au moins deux termes, deux personnes unies par le respect commun de leur nature, diverses et rivales pour tout le reste. Qu'il me prenne fantaisie de m'adorer: au nom de la Justice, je dois l'adoration à tous les hommes» (6). On le constate, le respect est bien une pierre angulaire à la démocratie. Or, le problème est qu'il ne se décrète pas par une loi (le «respect de la loi» est une obligation sociale agrémentée de sanctions lorsqu'il est transgressé pas un comportement) et ne s'impose pas par quelque force surnaturelle. Il doit émaner directement de chacun. D'où la nécessité de le mettre au premier rang des préoccupations de la société, d'en faire un enseignement répété tout au long du cursus scolaire et universitaire et de le considérer comme un acte de citoyenneté et de le célébrer comme tel.

En outre, si l'on a vu qu'il est cœur des réflexions des penseurs depuis longtemps, il est vrai que nos sociétés, au-delà même de leurs régimes politiques, sont devenues de plus en plus égocentriques, des Etats-Unis à la Chine, de la France à l'Inde, de la Grande Bretagne à la Russie. Car la disparition programmée du respect déjà bien loin de ce qu'il devrait être si l'on ne s'en occupe pas, vient avant tout d'une autonomisation de l'individu qui se voit partout dans le monde et qui provient d'un système économique débridé, un dévoiement du système capitaliste libéral, qui récompense celui qui gagne contre les autres, qui amasse des fortunes au détriment de la communauté et qui s'achète le respect de la société sans pour autant se conformer aux règles tout en, bien sûr, ne respectant pas l'autre. Tant que ces comportements seront des modèles de réussite, le respect ne pourra triompher, ni même survivre.

Quoi qu'il en soit, le constat est là et il convient d'agir vite pour remettre, grâce au respect, de l'humanisme dans les rapports sociaux. Si tel n'est pas le cas, la démocratie républicaine du XXI° siècle deviendra à échéance plus ou moins longue un désert aride où le conflit deviendra la norme du vivre ensemble.

L'absence du respect, c'est l'absence de reconnaissance de l'autre

L'absence de respect entre les membres d'une même communauté aboutit, tôt ou tard, à des rapports exacerbés où plus personne ne fait attention à l'autre, où plus personne n'écoute l'opinion de l'autre et où des groupes se constituent pour créer des réalités fictionnelles où l'autre, le différent, n'a plus sa place. Montent alors le déni de liberté et d'égalité, l'intolérance et l'absence de solidarité. Et n'oublions pas que, pour respecter l'autre, il faut d'abord se respecter soi-même. Ce qui ne veut pas dire de se prendre pour un individu-roi mais de s'estimer.

Cette valeur essentiellement humaniste devient de plus en plus nécessaire face, d'une part, à une montée de l'autonomisation de l'individu-monde mondialisé et, d'autre part, à une mondialisation où les chocs culturels doivent être absorbés grâce à l'ouverture d'esprit et à la tolérance de l'autre. Dès lors le respect est un ciment incontournable pour que la vie en société ne se transforme pas en la coexistence de plus en plus difficile d'individus autonomes et revendicatifs de leur propre «bonheur» au détriment d'un lien social basé sur un humanisme respectueux et un juste équilibre, tous deux indispensables afin d'organiser des rapports apaisés entre les membres d'une même communauté, locale, nationale ou mondiale. Sans respect, il est impossible de bâtir un lien social fort et durable, de construire une société plus juste et plus pacifique, une société harmonieuse et apaisée. Ceux qui veulent bâtir cette société humaniste, doivent sans relâche promouvoir ce respect.

Ne pas se tromper dans l'utilisation du mot respect

C'est vrai que l'on parle de plus en plus de respect dans les sociétés démocratiques. Mais souvent il s'agit d'un détournement de celui-ci puisqu'il s'agit d'une demande qui le nie pour les autres mais le réclame exclusivement pour soi-même. Une perversion ultime de cette valeur de rapprochement et consensualiste par l'égoïsme et l'égocentrisme de l'autonomisation assistée montante. Si le respect de l'autre est si important et s'il est si profondément ressenti par la population comme une nécessité c'est qu'il donne à cet autre sa qualité d'être humain à part entière et que respecter l'autre, c'est le reconnaître tout autant que se reconnaître soi-même son égal.

Le respect est fondamental dans les rapports humains. C'est la pièce maîtresse autour de laquelle s'articulent la liberté dans l'égalité mais aussi la solidarité et la tolérance. Il permet de créer un véritable lien social au sein d'une communauté. C'est tellement vrai que lorsque celui-ci n'existe pas, il faut malheureusement créer un catalogue sans fin de droits et de devoirs chapeauté par tout un système d'interdictions, ce qui est de plus en plus le cas dans nos sociétés avancées du XXI° siècle. Ainsi, dans nos sociétés actuelles, comme le respect existe peu (et qu'il a même tendance à régresser du fait d'une valorisation jusqu'au-boutiste de l'individualisme hédoniste), on réglemente les rapports sociaux et les rapports directs entre deux individus, non pas par un lien social humaniste, mais par cette liste de droits et de devoirs qui n'en finit pas de s'allonger au fur et à mesure que la relation sociale se distend.

Si la protection par la loi de l'individu est une des pièces maîtresse de la démocratie républicaine représentative contre l'arbitraire possible de l'Etat et la violence de certains individus ou groupes, cette extension des droits et des devoirs, elle, n'est que la preuve de l'impuissance de nos sociétés à organiser harmonieusement les rapports entre leurs membres. Dans un monde parfait, le respect devrait être la règle et les droits et les devoirs, l'exception. Alors, et seulement alors, nous serions dans une société totalement respectueuse de l'humain. Comme le dit si bien Aristote, «Quand les hommes sont amis, ils n'ont plus besoin entre eux de justice» (7).

Le pouvoir de nuisance et le faux respect

La société humaniste prônée par le centrisme est donc basée sur le respect de l'autre. Mais il ne faut pas confondre ce respect avec celui qui a souvent court dans nos sociétés où lorsque l'on parle de respect, on parle souvent de cette retenue, de cette crainte que nous impose le pouvoir de nuisance de l'autre à notre encontre. Le respect n'est alors rien d'autre qu'une soumission à la puissance que cet autre possède sur nous. C'est une réalité pour le moins triste et désespérante que nous pouvons constater tous les jours. Ainsi, la capacité de nuisance est une des pierres angulaires de nos rapports avec autrui dans nos sociétés. Plus une personne est capable de nuire à quelqu'un plus elle est «respectée». Comme le dit Sénèque, «Pour nuire, nous sommes puissants». Et on peut inverser les termes, «Notre puissance s'évalue dans notre propension à nuire» (8). Notre importance est alors proportionnelle à notre pouvoir de nuisance et l'autorité ne découle pratiquement toujours que de celui-ci et non d'une quelconque reconnaissance morale.

Prenons des exemples concrets. La population «respecte» le policier moins pour la protection qu'il nous offre que pour sa propension à nous nuire grâce à ses pouvoirs de répression. Les enfants «respectent» les directeurs d'école moins pour ses qualités humaines que pour la propension qu'il possède de leur nuire grâce son pouvoir de sanction. Et un employé «respecte» son employeur moins pour ses qualités de manager que pour sa propension à lui nuire en pouvant le licencier. Ainsi, la notion de respect devient elle-même négative. Ceux qui font le bien – c'est-à-dire sans jamais utiliser leur pouvoir de nuire comme un élément de puissance dans leurs rapports avec autrui – sont ainsi dévalorisés, considérés comme des gens en marge de la société. Ils ne sont souvent respectés que comme des êtres un peu marginaux. Malgré les siècles de civilisation, le pouvoir reste à la force même si celle-ci ne prend pas toujours un aspect physique (entendu comme force physique, force de contrainte) comme, par exemple, le pouvoir de nuisance d'un quelconque préposé d'un quelconque guichet qui peut régler votre problème en dix minutes ou –s'il utilise sa «force» – en plusieurs heures avec l'obligation, en plus, de devoir se déplacer plusieurs fois.

Bien évidemment, ce pouvoir de nuisance est réflexif et transitif. Nous l'utilisons parce que les autres l'utilisent contre nous, pour se protéger du nôtre ou d'un autre, pour se venger d'un autre pouvoir de nuisance. De même, nous l'utilisons parce qu'il faut bien nuire pour exister dans nos sociétés actuelles. Le respect ne s'assimile alors qu'à une crainte d'une sanction, d'une mesure de rétorsion. Et le bénéficiaire de ce pouvoir de nuisance – lorsqu'il l'utilise – agit dans l'irrespect absolu de l'autre.

Le respect, dans la vision humaniste du Centrisme – considérée comme une métavertu – est tout autre. Respecter réellement l'être humain, c'est justement éviter de lui nuire par tous les moyens possibles, faire en sorte qu'il puisse jouir de nos capacités comme nous puissions jouir des siennes lorsque nous en avons besoin dans le cadre de nos rapports sociaux. Sans respect, il est impossible de bâtir l'optimum de la société réelle. Le vrai respect impose l'établissement de nouveaux rapports entre les êtres humains. «Si un homme parvient à l'idéal de ne pas nuire à autrui, explique le philosophe indien Swämi Vivekânanda, même les animaux, qui sont par nature les plus féroces deviendront pacifiques devant lui. Le tigre et l'agneau joueront ensemble devant ce yogin» (9).

Le respect, valeur «révolutionnaire»

Si l'on considère qu'une révolution établit un nouvel ordre des choses sans retour en arrière, alors le respect est bien une valeur révolutionnaire et, de plus, la condition obligatoire de l'exercice effectif de la liberté, de l'égalité et de la fraternité. C'est aussi, sans doute, pourquoi nous en sommes si loin... Le respect est fondamental pour créer un lien social fort qui puisse être le terreau de la liberté, de l'égalité et de la fraternité et, surtout, de leur interpénétration. Mais, comme nous l'avons dit, il faut s'entendre sur le respect qui est un terme à la mode et qui, souvent, n'est qu'une simple revendication individualiste et hédoniste. Partout les gens ont le mot respect à la bouche. Demander à ce que l'on soit respecté est légitime. Le demander sans réciprocité ne l'est plus. Demander à ce que tous ses désirs le soient, c'est entrer en conflit avec les désirs des autres et, plus grave, avec l'autre tout court. Ce respect là est irrespectueux...

Le vrai respect est celui qui prend en compte la réalité de la vie en société. Nous devons vivre avec les autres, nous en avons besoin, plus, nous en avons envie. Dans ce cadre, nous devons être capables d'appréhender notre liberté par rapport à l'égalité et à la solidarité. Car le respect de l'autre commence d'abord dans celui de sa liberté et dans la tolérance de ce qu'il est. Un respect bien évidemment symétrique pour qu'il soit accepté et acceptable. Une fois ce respect accordé, celui de l'être dans sa globalité demande qu'on lui accorde l'égalité des chances et qu'une solidarité effective existe dans une société qui ne peut être équilibrée que si elle prend en compte la diversité de ses membres et qu'elle vient en aide à ceux qui en ont besoin à un moment donné de leur existence.

De ce point de vue, le respect n'est pas seulement une revendication tournée uniquement vers soi mais bien l'élément central qui permet de rendre effectif la liberté, l'égalité et la fraternité. Respecter ne veut pas dire aimer ni même apprécier l'autre mais seulement le reconnaître dans sa dimension humaine et donc lui accorder ce à quoi l'on estime soi-même être en droit de réclamer à cet autre.

La démocratie respectueuse est l'affaire de tous

Sans investissement de tous, la démocratie respectueuse ne peut exister. C'est un projet collectif qui demande l'adhésion de tous à sa réalisation effective. Le respect est quelque chose de profond qui doit être instauré entre les gens mais il n'est pas difficile à pratiquer, il est simplement un comportement individuel et collectif, un comportement personnel et social, qui jusqu'à présent n'a reçu que peu de gratifications face aux comportements irrespectueux et égocentriques.

Je veux citer, pour finir et parce que les enfants sont l'avenir de l'Humanité autant que son présent, celui qui a été le principal inspirateur de la Convention des droits de l'enfant, le pédiatre et écrivain polonais Janus Korczak, gazé à Treblinka par les nazis en 1942 avec les enfants juifs dont il s'occupait et qu'il n'avait pas voulu laisser: Dans son livre, «Le Droit de l'Enfant au Respect» (10), il écrivait: «Vous dites: C'est fatiguant de fréquenter les enfants. Vous avez raison. Vous ajoutez: Parce qu'il faut se mettre à leur niveau, se baisser, s'incliner, se courber, se faire petit. Là, vous avez tort. Ce n'est pas cela qui fatigue le plus. C'est plutôt le fait d'être obligé de s'élever jusqu'à la hauteur de leurs sentiments. De s'étirer, de s'allonger, de se hisser sur la pointe des pieds. Pour ne pas les blesser». Et il concluait son plaidoyer humaniste en demandant «le respect si ce n'est l'humilité envers la blanche, lumineuse, immaculée, sainte enfance». Dans un autre passage, il disait: «Mes années d'expérience m'ont conforté dans l'idée que les enfants méritent respect, confiance, bienveillance. Il est agréable de passer du temps avec eux dans une atmosphère paisible toute de douceur et de rires, faite de premières tentatives enjouées et d'étonnements, de joies pures et lumineuses. Le travail avec eux se révèle pétillant, fructueux et beau.»

Notes de ce chapitre

1. «La Monade dont nous parlons ici, n'est autre chose qu'une substance simple qui entre dans les composés; simple, c'est-à-dire sans parties. (...) Il faut même que chaque Monade soit différente de chaque autre; car il n'y a jamais dans la nature deux êtres qui soient parfaitement l'un comme l'autre, et où il ne soit possible de trouver une différence interne ou fondée sur une dénomination intrinsèque.» (Monadologie, Leibniz, 1714)
«Nous sommes dans une parfaite indépendance à l'égard de l'influence de toutes les autres créatures. Ce qui met encore dans un jour merveilleux l'immortalité de notre âme, et la conservation toujours uniforme de notre individu, parfaitement bien réglée par sa propre nature (...) Tout esprit étant comme un monde à part, suffisant à lui-même, indépendant de toute autre créature ... est aussi durable, aussi subsistant et aussi absolu que l'univers même des créatures.» (Système nouveau de la nature et de la communication des substances, Leibniz, 1695)

2. «La condition primitive de l'homme n'est pas l'isolement ou la solitude, mais la vie en société. Notre existence commence par l'union la plus intime puisque, avant même de respirer, nous vivons ensemble avec notre mère: lorsque ensuite nous ouvrons les yeux à la lumière, c'est pour nous retrouver sur la poitrine d'un être humain; son amour nous berce, nous tient en laisse et nous enchaîne à sa personne par mille liens. La société est notre état naturel.

(…) Qu'une société, par exemple, celle de l'Etat, rogne ma liberté, peu me chaut. Il me faut bien me résigner à laisser réduire ma liberté par toutes sortes de puissances, par tout être plus fort que moi, voire par chacun de mes semblables. (…) Mais quant à mon individualité, je ne veux pas qu'on y touche. Or c'est précisément l'individualité que la société prend pour cible et qu'elle entend assujettir à son pouvoir. Une société à laquelle j'adhère m'enlève, certes, quelques libertés mais, en contrepartie, elle m'accorde d'autres libertés. Peu importe aussi que je me prive moi-même de telle ou telle liberté (par exemple par contrat). En revanche, je veillerai jalousement sur mon individualité. (L'Unique et sa Propriété, Max Stirner, 1843)

3. Le respect aurait du être concomitant à l'autonomisation grandissante de l'individu, au développement de son individualisation dans un régime démocratique mais cela n'a pas été le cas.

4. «Après avoir acquis la liberté dans l'égalité, l'individu doit, pour en faire bon usage, au fur et à mesure que son autonomie augmente, l'utiliser correctement. Pour cela, une seule obligation: respecter. C'est dans le respect de soi-même et de l'autre, de l'autre et soi-même pour les autres, que se bâtira la société de personnes libres de demain. Sinon, le chaos nous guette… Le respect permet de concilier, à la fois, l'intérêt individuel, l'utilité et l'empathie naturelle pour les autres. Respecter quelqu'un, c'est d'abord reconnaître l'existence de l'autre. Ensuite, c'est reconnaître qu'il est mon égal. Ce sont les deux principes de base du respect. Mais ce n'est pas suffisant. Respecter l'autre c'est aussi avoir de la considération pour sa personne, c'est ne pas porter atteinte à son individualité physique, psychique et sociale, c'est respecter sa différence et sa dignité. Bien évidemment, tout cela est symétrique, l'autre doit agir exactement de même avec moi et transitif, tous les autres sont concernés. Le respect se fait d'une personne égale à une autre. Il ne doit jamais être imposé pour être réel. Pour cela, il faut que ce qui doit être respecté (le sujet ou l'objet)

soit légitime (l'autre ou la règle sociale) mais pas le comportement du sujet ni la manière dont la règle sociale est appliquée car ceux-ci peuvent être irrespectueux ou illégitimes. De son côté, la société, avant de demander à être respectée, doit d'abord respecter l'individu. Son respect fonde sa légitimité et non le contraire. La société ne peut demander le respect à une personne sans lui accorder le sien comme condition de sa demande. L'irrespect de la société vis-à-vis de ses membres ne serait alors que du mépris de celle-ci à ceux-là et une raison légitime pour les citoyens de se rebeller contre ce qui deviendrait alors une contrainte illégitime d'une société qui oublierait ce pourquoi elle existe, l'émancipation de ses membres. Mais cette demande de respect ne veut pas dire que l'individu peut tout réclamer à l'autre et à la société. Elle signifie qu'il a le droit au respect ce qui lui permet, s'il respecte les valeurs essentielles de la vie en commun (respecter la liberté de l'autre, avoir de la tolérance vis-à-vis de l'autre et être solidaire de l'autre) et les principes de base du fonctionnement de la société, de vivre sa vie d'égal à l'autre, à tout autre, le plus librement possible.» (Métapolis, Alexandre Vatimbella, 2017)

5. Citation extraite d'une conférence de Frédéric Passy, «Le respect», donnée en 1895 à la Ligue contre l'athéisme.

6. Un Proudhon qui écrit également: «Le droit est pour chacun la faculté d'exiger des autres le respect de la dignité humaine dans sa personne; le devoir, l'obligation pour chacun de respecter cette dignité en autrui. Au fond, droit et devoir sont des termes identiques, puisqu'ils sont toujours l'expression du respect, exigible ou dû; exigible parce qu'il est dû, dû parce qu'il est exigible: ils ne diffèrent que par le sujet: moi ou toi, en qui la dignité est compromise».

7. Aristote, Ethique à Nicomaque.

8. Sénèque, De la colère.

9. Swämi Vivekânanda, Aphorismes de Patanjali sur le Yoga.

10. Le Droit de l'Enfant au Respect, Janus Korczak, Editions Robert Laffont, 1987 / Editions Fabert, 2009.

Table des matières

L'individu du XXI° siècle,
le grand prédateurde la démocratie?

La démocratie du respect
Propos sur la reconnaissance
de la dignité de l'humain